企业社会责任行为与企业创新关系研究

罗　津　著

U0360131

上海交通大学出版社
SHANGHAI JIAO TONG UNIVERSITY PRESS

内容提要

本书通过对三家民营制造业细分领域中具有一定影响力企业的探索性案例研究,提出基础研究命题,结合理论分析构建研究模型并提出预定假设。随后,基于全国不同区域 212 家制造业企业高层管理人员的调研问卷,对上述假设及模型进行结构方程路径分析。同时,本书对新兴市场的企业社会责任相关研究进行了拓展,选择了市场不确定性和行业竞争强度这两个在新兴市场中最为常见的敌对性环境因素,以这两种特征变量作为企业履行社会责任行为影响企业获取社会资本的调节变量,为以中国为代表的新兴经济体的制造业企业,在面临剧烈变动的环境时,如何选择履行企业社会责任以获取企业社会资本的行为提供了理论依据和实践指导。

图书在版编目(CIP)数据

企业社会责任行为与企业创新关系研究 / 罗津著
. — 上海:上海交通大学出版社,2022.9
 ISBN 978 - 7 - 313 - 25796 - 3

Ⅰ.①企⋯ Ⅱ.①罗⋯ Ⅲ.①企业责任-社会责任-
关系-企业创新-研究-中国 Ⅳ.①F279.2

中国版本图书馆 CIP 数据核字(2021)第 273961 号

企业社会责任行为与企业创新关系研究
QIYE SHEHUI ZEREN XINGWEI YU QIYE CHUANGXIN GUANXI YANJIU

著 者:	罗 津		
出版发行:	上海交通大学出版社	地 址:	上海市番禺路 951 号
邮政编码:	200030	电 话:	021 - 64071208
印 刷:	苏州市古得堡数码印刷有限公司	经 销:	全国新华书店
开 本:	710mm×1000mm 1/16	印 张:	9.25
字 数:	186 千字		
版 次:	2022 年 9 月第 1 版	印 次:	2022 年 9 月第 1 次印刷
书 号:	ISBN 978 - 7 - 313 - 25796 - 3		
定 价:	58.00 元		

版权所有 侵权必究
告 读 者:如发现本书有印装质量问题请与印刷厂质量科联系
联系电话:0512 - 65896959

前　言

随着人口红利及资源性经济的衰竭，中国自改革开放以来在全球价值链底端建立的成本优势正逐步丧失。许多产业附加值水平较低的传统制造业行业陷入产能过剩、利润率下降，在国际市场缺乏持续竞争优势的不利境地。为保持未来中国经济的持续性增长，中国政府推动供给侧改革，坚决推动产业结构调整和经济发展模式的转型。针对制造业企业，国家坚决关停污染超标和环保问题严重的企业，淘汰落后产能，同时大力发展低碳节能、绿色环保理念的创新型智能制造产业，给予税收补贴、产业引导、金融及技术扶持等多项优惠政策。因此在经济新常态下，中国制造业的产业结构调整和转型升级成为企业主客观层面都需要解决的问题。

从实践层面看，影响企业创新的因素主要分为外部环境（经济、法制、政策、文化、社会舆论、行业竞争、客户需求及行业技术变化等）及内部能力（企业家信心、价值取向、员工积极性、企业创新文化等）。而从理论层面看，企业创新经历了从技术推动线性模型（第一代）到系统整合及网络化开放创新（第五代）模型的变化。在当前的复杂经济环境下，创新越来越倾向被看作是一种网络化的活动，企业自身所拥有的内部资源和技术往往无法满足市场需求对产品进行快速迭代和创新的需要，此时企业所处的社会网络中的其它成员，例如供应商、渠道商、客户以及政府部门如能为企业提供大量异质性和稀缺性的外部资源和信息，则企业创新的风险会大大降低。

本书基于对产业界实例的思考以及过往文献和理论的梳理和逻辑推演，提出战略性企业社会责任行为将对企业创新产生重要影响的研究命题。基于前人从资源基础观的视角对企业社会责任影响企业创新的研究，本书从社会资本理论和基于能力的视角切入，对企业针对不同利益相关者履行社会责任以获取社会资本（商业关系和政治关系）并转化为企业能力（技术能力和营销能力）并最终推动企业创新的内在逻辑链条进行研究。通过对三家民营制造业细分领域中具有一定影响力企业的探索性案例研究，提出基础研究命题并结合理论分析构建研究模型并提出预定假设。随后,基于全国不同区域212家制造业企业高层管理人员的调研问卷对上述假设及模型进行结构方程路径分析。实证分析的结果证明,企业履行社会责任行为对其获取社会资本(商业关系和政治关系)有正向影响,而企业的商业关系和政治关系这两类社会资本都对企业技术能力产生正向影响,同时企业的两类社会资本对企业营销能力也产生正向影响(且商业关系较之政治关系对营销能力的提升更为显著);最后,企业技术能力与企业营销能力对于企业创新都起到促进作用,其中技术能力相较于营销能力对企业创新的促进作用更为显著。此外,本研究还针对市场不确定性和竞争强度这两个外部环境因素对企业履行社会责任获取社会资本进行了调节作用的检验。实证结果表明,市场不确定性水平的高低对企业履行社会责任行为以获取企业社会资本的过程有促进作用,而竞争强度的调节效应则不显著,这也意味着无论企业所处的行业竞争强度高或低,都不会影响企业通过履行社会责任以获取社会资本的行为。

与以往相关领域的研究相比,本书在以下几方面有一定的创新性:

首先,本书从社会资本理论的关系维度(政治关系和商业关系)探索了不同类型(首要和次要)利益相关者能够为企业发展带来哪些对应的资源,既是对工具性利益相关者理论研究的进一步延伸,也是对企业社会责任概念及意义更深层次的丰富。其次,本书基于企业社会资本理论和基于能力的视角清晰梳理了企业社会责任行为影响企业创新这一过程的内在机理及逻辑链条。尽管以往的研究中提出了两者间存在正向相关性,但对于具体影响路径的研究仍不够深入。本书发现企业可通过履行社会责任行为获取社会资本再转化为企业能力并最终正向影响企业创新,这实质上是企业在经营过程中通过对社会责任的战略行动来获取重要外部资源积累,而后再将外部资源向影响创新的重要内部能力加工和转化的有机过程。再次,本书通过对上述变量之间影响路径的进一步探究,得到企业社会资本(政治关系和商业关系)与企业能力(技术能力和营销能力)中介影响了企业社会责任行为对企业创新的作用过程,因此对企业能力理论的延伸和发展也做出了一定的贡献。最后,本书对新兴市场的企业社会责任相关研究进行了拓展。我们选择了市场不确定性和行业竞争强度这两个在新兴市场中最为常见的敌对性环境因素,以这两种特征变量作为企业履行社会责任行为影响企业获取社会资本的调节变量,对以中国为代表的新兴经济体的制造业企业在所面临的比较剧烈变动的环境中如何选择履行企业社会责任以获取企业社会资本的行为提供了更加深刻的理论依据和实践指导。

CONTENTS 目　录

1. 绪　论

1.1　实践背景及意义

随着改革开放进程的不断推进和加深,中国的综合国力在过去四十多年发生了天翻地覆的变化,而制造业在综合国力的提升过程中扮演了至关重要的角色。然而纵观全球经济发展和产业分工体系全局,我们注意到:一,随着资源优势和人口红利的不断衰减,过去中国在全球价值链底部建立的成本优势正逐步消耗殆尽,许多产业附加值水平较低的传统制造业行业陷入产能过剩、利润率下降以及在国际市场缺乏持续竞争优势的窘境;二,诸多欧美发达国家在 2008 年金融危机后开始重新审视制造业对于实体经济的重要作用,力图重振制造业。正是在新的国际国内形势下,中国政府立足于国际产业变革的大趋势,以及国际分工体系重新调整的新机遇,选择进行的一次全方位提升制造业发展水平的重大战略,其根本目标在于改变中国制造业行业"大而不强"的局面。

中国经济发展在根本上必须依靠改革创新,而企业作为市场主体,同时也是创新的主体,必须积极实施创新驱动的战略。而落到实践层面,究竟哪些因素真正影响企业创新呢? 国务院发展研究中心的一项大规模问卷调查反映出如下问题:第一,外部环境会对企业创新产生显著的影响。这其中包含宏观环境(经济、法制、政策、文化以及社会舆论)和中观环境(行业竞争、客户需求、行业标准统一性、行业技术变化);第二,创新政策对推动企业创新会产生重要影响。这主要指政府支持企业创新的优惠政策(税收减免、人才引进等)和政府简政放权,将为企业提供更多市场机会和公平的营商环境,建立更加透明的信用机制以及高效的法制环境和审批机制都将提升企业创新的意愿和绩效;第三,企业家个人层面的因素也会影响创新,包括企业家信心、个人价值取向等。综合该项调研分析结果,除企业家个人主观因素外,其他影响企业创新意愿和绩效的因素基本都与企业所处社会网络中的不同要素(如政府、供应商、经销商、竞争者、客户等)有非常重要的关联,这些要素在复杂的企业社会网络体系中扮演各自不同的角色,同时为企业创新提供异质性的资源。然而,企业究竟如何进行战略选择,才能更好地从其所处的社会网络中获取这些稀缺的、有价值的、无法模仿与替代的战略资源并有效利用和配置以提升其创新能力呢?

经过不断探索和论证,"企业社会责任行为"作为一个看似相关性较弱的影响因素,逐渐出现在学术界和企业管理者的视野中。尤其是近几年,我们关注到越来越多中国知名制造业企业已率先将低碳节能、绿色环保等企业社会责任概念融入产品研发创新的过程。在大数据、物联网等新技术日新月异的大背景下,制造业创新也呈现出网络化、融合化、绿色化等多重特征,竞争的焦点从过去的价值链提升转向了价值网络的构建,而用户、供应商、合作伙伴乃至政府部门都越来越多地参与到企业的价值创造和创新活动中。因此,研究企业在其所处的社会(价值)网络中对不同利益相关者履行企业社会责任将如何影响企业创新,不但对于提升企业竞争力有着现实性的战略指导价值,同时对中国实现经济结构转型升级、推进制造业强国建设的国家战略有着重要的政策意义。

1.2 理论背景及意义

"企业社会责任"一词自提出以来,其概念和内涵始终广受争议(阿克曼,1973)。学术界的讨论大多从下面三个核心问题切入:一是企业是否应承担经济利益以外的社会责任?二是企业究竟应承担哪些方面的社会责任?三是企业应采取哪些行为来承担社会责任?尽管企业社会责任理论在后续的研究中取得了丰富成果和长足发展,但对于上述问题看法的分歧阻碍了该理论进一步拓展延续。1984年弗里曼正式提出"利益相关者"这一概念,它包含了那些会影响组织目标实现,或者会受到组织实现目标过程影响的全部个体与群体;他认为任何企业发展的过程都离不开其不同利益相关者的参与或资源投入,企业所追求的应该是利益相关者的整体利益,而非是某些主体的独占性利益(Freeman,R.E.,1984)。该理论有效回答了企业社会责任的三大核心问题,为后续相关领域的研究工作树立了值得参考的理论标杆。

在其后的二十多年里,将利益相关者理论引入企业社会责任研究的成果不断丰富,包括企业履行社会责任的动因——获得利益相关者实物或虚拟性的支持,进而获取各类资源,提升竞争优势并增加企业价值(Freeman, R.E., 1984; Jawahar, T.M., 2001),企业社会责任涉及的范围——企业对股东、债权人、政府部门、内部员工以及供应商、渠道商等上下游个体的责任等(Mitchell, R.K., 1997; Wheeler, D., 1998; 陈宏辉, 2003)。到 2011 年,阿吉尼斯(Aguinis)结合利益相关者理论给出了"企业社会责任"的定义:一种综合考虑经济、社会和环境三重底线以及企业利益相关者期望,进而开展的一种特定情景下的组织行为和策略。

几乎在同一时期,学术界对企业创新的研究如火如荼。具有标志性意义的研究是 Hobday(2005)对企业创新过程进行的系统性阶段划分,认为企业已经经历了技术驱动的线性模型(第一代)、市场带动的线性模型(第二代)、技术驱动和市场带动耦合模型(第三代)、跨职能集成/并行(第四代)和系统整合及网络化模型(第五代)的过程。非常重要的是,在第五代的系统整合及网络化模型中,创新被看作一种网络化活动,企业应当专注在由供应商、分销商、竞争者、客户乃至政府部门等各个要素所构成的庞大系统中进行资源整合(Rothwell, 1992; Hobday, 2005)。

最近十年来,企业社会责任与企业网络化创新这两个平行的研究领域快速地融合。战略性企业社会责任行为与企业创新的关系,以及积极履行社会责任对企业创新能力和绩效的影响等问题逐步被提出(Hull 和 Rothenberg, 2008; Bonini, Koller 和 Mirvis, 2009; Luo 和 Du, 2015)。作为一个处女地,其开垦工作才刚刚展开。在由诸多利益相关者所构成的企业社会网络中,企业如何通过履行社会责任行为来获取资源、企业能力转化,并最终影响企业创新,这些内在机制与逻辑尚不清晰,理论意义极其重要。

1.3 研究思路、方法及创新设想

1.3.1 研究思路

本书将围绕以下思路进行展开研究:

第一,通过梳理和回顾企业社会责任、利益相关者理论、社会网络理论、企业社会资本、企业创新等领域的相关文献,更清晰地了解企业社会责任行为及相关概念的定义、维度、影响因素,企业在其所处的利益相关者网络中有针对性地履行社会责任行为能够为企业带来哪些社会资本,这些社会资本如何从资源转换为企业应对竞争时所需要的能力,以及这些能力最终又将怎样影响企业创新这些问题并在文献回溯的基础上找到研究的切入点。

第二,构建理论模型并提出研究假设。模型构建以及假设的提出需要比较扎实的理论基础和实践依据。故此,我们在研究中一方面选择利益相关者理论、社会网络理论和基于资源的视角等理论,作为探讨企业针对不同利益相关者履行社会责任行为将如何影响企业创新的理论依据。同时还遴选出三家制造业企业进行探索性案例研究。通过访谈、二手数据等方式与相关企业高层管理人员进行深层次的交流,了解企业在经营发展过程中是如何履行企业社会责任,并对其社会资本的获取和建立产生影响,进而提升企业技术能力和营销能力,最终促进企业创新的事实情况。在此基础上,结合理论和逻辑推导提出对应的研究假设。

第三,为了对模型和假设进行验证,我们将采用问卷调查方式进行实证研究。我们将基于文献梳理,选择在以往研究中相关研究变量的成熟量表基础上进行的调研问卷设计。此外还邀请相关研究领域有丰富经验的学者进行问卷审阅,并根据企业预调研遇到的现实问题对问卷进行修正,从而确保调研问卷中变量测量的有效性。获取数据后将进行指标净化、描述性统计分析及信度效度分析,随后进行相关性分析及结构方程模型的路径分析来对前述假设进行检验。

第四,对前述实证分析的假设检验结果进行分析和讨论。

1.3.2 研究方法

本书将以文献和理论梳理、探索性案例分析与实证研究相结合的方式开展研究,力求形成优势互补,提高研究的可靠性与可信度。

1.3.2.1 文献收集和梳理

本书在提出相关命题和理论模型之前,紧紧围绕"企业社会责任""利益相关者""企业社会资本""商业关系""政治关系""技术能力""营销能力""企业创新"等多个关键词,运用 Endnote X4 文献管理软件展开对相关国外文献和国内文献的检索,在此基础上分类整理并阅读。首先我们搜索了管理学的国际顶级期刊(如 ASQ、AMJ 等)、战略管理类顶级期刊(SMJ、JM、JAMS)以及较为关注中国情境企业管理问题的期刊(如 MOR 等)。其次,在上海交通大学资料和数据库系统内(含 EBSCO、JSTOR 和中国知网数据库系统等)用关键词搜索搜集相关文献,然后通过文献梳理将相关研究现状进一步厘清。最后,通过对文献的归纳和总结,结合企业管理实践推敲上述变量之间的逻辑关系,初步提出本文的主要研究问题,并在明确研究可行性后提出研究假设。

1.3.2.2 探索性案例分析

案例研究选取了 3 家代表性制造业企业,结合访谈和对企业实际运营的观察,总结、归纳企业针对各种不同类型的利益相关者的诉求履行和落实社会责任行为会对企业创新产生的影响。同时,通过对高层管理者的访谈,深入分析企业采取相关行为背后的逻辑,对企业是否能够通过履行社会责任提升企业创新能力和绩效进行探索,并深挖其中的内在影响机理。由于这一研究主题需要依照时间顺序去追溯不同变量之间的因果关系,因此本书采用的是探索式案例研究的方法来研究"怎样做"和"为何做"的问题(Yin,2004)。

1.3.2.3 实证分析

本书采用问卷调查法对所得数据进行实证研究。在参考大量问卷调查研究的基础上,结合文献整理和案例研究,并反复斟酌,形成科学的问卷设计。研究分层次选取了大量中国制造型企业的中高层管理人员、技术管理人员作为问卷对象展开调查,问卷通过电子邮件、网络问卷平台及当面发放填写等多种形式收集。为确保问卷数据有效性,我们对每家被调研企业填写问卷的人员职位级别及范围做出一定限制。问卷调研涉及的企业所处行业均为制造业大类,同时企业性质包含国有、民营及其他所有制类型。

在对数据进行整理和筛选后,运用 SPSS 19.0 和 SMART-PLS 等软件对数据进行描述性分析、相关分析、信效度分析及结构方程模型路径分析等多种方法,对概念模型与研究假设进行分析,验证概念模型与假设是否被支持。

1.3.3 研究的创新设想

本书将在吸收前人研究的基础上,通过案例研究及实证研究,深刻揭示企业通过履行社会责任,从其利益相关者获得社会资本,并提升创新能力的内在动力机制和路径,同时考察市场竞争强度和环境不确定性如何在其中发挥调节作用。

1.4 结构安排与技术路线

本书主要是将工具性利益相关者理论、社会资本理论及资源基础观视角相结合,分析企业基于所处的社会网络中不同类型的利益相关者的诉求履行社会责任行为,对企业创新产生影响的内在机理和逻辑链条。此外还将探讨环境不确定性和竞争强度这两个外部环境因素如何影响企业履行社会责任行为获取社会资本的过程。

全书共分为七章,具体安排如下:

第一章 绪论。该部分主要从实践背景和理论背景两个方面,提出本论文的研究问题及研究意义。同时在此基础上对研究问题和涉及的相关理论进行初步阐述,构建研究理论框架和设计,阐述研究方法等。

第二章 相关理论与文献述评。该部分主要结合当前相关理论研究的现状,对理论发展脉络、趋势进行梳理,以找寻本研究的理论支撑点和切入点。研究主要基于利益相关者理论、社会网络理论和资源基础观,对企业社会责任、企业社会资本(商业关系、政治关系)、企业核心能力(技术能力、营销能力)、企业创新之间的关系进行文献回顾与评述,以作为研究的理论支撑。

第三章 探索性案例研究。该章选取三家民营制造业企业作为探索性案例的样本,结合企业访谈和数据收集进行案例内分析和案例间比较,探索基于利益相关者的企业社会责任行为对提升企业创新的内在机制,进一步归纳出本研究中涉及的不同变量之间关系的初始命题。

第四章 研究假设提出及理论模型构建。该部分主要结合文献整理和企业探索性案例分析,总结提炼出基于利益相关者的企业社会责任行为,对企业社会资本(商业关系、政治关系)和企业社会资本对企业能力(技术能力、营销能力)以及企业能力对企业创新影响的研究假设,并引出市场不确定性和竞争强度两个的调节变量。最终构建出企业通过履行社会责任行为获取企业社会资本提升企业核心能力,并最终影响企业创新的整体理论框架和模型,基于该模型本研究共提出 12 个研究假设。

第五章 研究设计。该章主要是对问卷设计、变量测量、数据收集、样本描述以及后续定量分析将采用的相关研究方法进行阐述。

第六章 模型检验和实证研究。该章主要通过探索性因子分析(EFA)、验证性因子分析(CFA)、相关分析及结构方程模型等方法,利用 SPSS19.0 和 SMART-PLS 等统计软件对调研数据进行分析,分析涉及调研问卷及数据的信度和效度检验、结构方程模型的路径,对理论模型中的 12 个假设进行实证检验,并对实证研究的结果进行理论及实践方面的论述,揭示中国制造业企业履行社会责任行为是如何影响企业创新的内在作用机理和外在影响因素。

第七章 讨论与启示。该章总结本文的研究结论、理论贡献并进行讨论与提炼,通过与现有理论的对比,总结中国制造业企业提升创新能力的实践及管理启示,同时对本文的研究局限进行客观反思,对未来可能的研究方向给予展望。

本书沿着发现、分析和解决问题的思路,将理论推导、案例分析与实证研究结合起来,研究的技术路线图如图 1-1 所示。

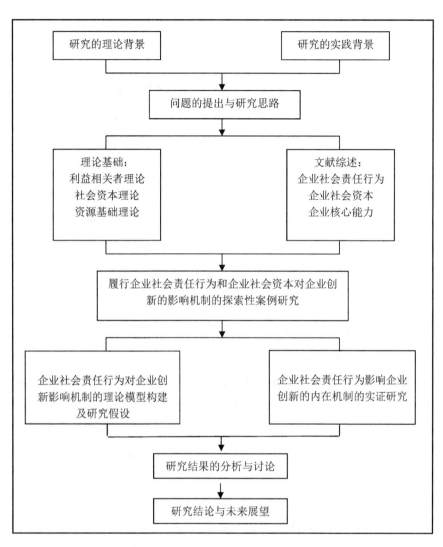

图 1-1 本书的结构安排

2. 相关理论与文献评述

基于第一章中提出的研究背景及相关研究问题,本章主要针对企业社会责任理论、社会资本理论、基于能力的理论进行系统回顾、梳理和评述,为本书概念模型和研究假设的提出做好坚实的理论铺垫。

2.1 相关理论基础

2.1.1 企业社会责任理论

2.1.1.1 企业社会责任的定义与内涵

"企业社会责任"的概念最早由英国的欧利文·谢尔顿(Oliver Sheldon)于1923 年在其个人著作《管理哲学》(*The Philosophy of Management*)提出,他认为企业在获取利润的同时,对于行业内外的相关群体也应该有所关注。企业家经营企业的核心是要助力整个社区的服务,为大社区谋求利益。这个观点在理论上为企业社会责任后续的研究奠定了基础。直到 1953 年,霍华德·鲍恩(Howard. R Bowen)比较系统地对企业社会责任的概念进行归纳和阐述,他认为企业在经营过程中充分考量社会就公众认可的价值理念和目标,从而制定经营规则和战略决策的过程是其拥有社会责任的表现。基于此,学术界正式开启企业社会责任研究的时代,戴维斯(Davis,1960)的研究紧随其后,给出了其对于企业社会责任的理解,他认为经营者在考量企业经济利益之外,也要把那些会受到企业行动影响的相关人员的利益和需求考虑在内,以此为基础再进行经营决策。在针对企业社会责任内涵和外延深入探讨中,也有不少学者不支持上述观点,其中以弗里德曼(Friedman,1962)为代表,他认为企业运营过程中唯一也是最重要的社会责任,就是如何最大化股东的利益,其后续的研究还提出政府才应该是社会责任的履行主体,企业管理者如因社会责任行为而损害了股东权益或者减少股东应得的回报,相当于变相对企业征税。除此之外,履行社会责任还有可能会发生代理问题,或是引发股东与企业管理层的利益冲突,管理者有动机牺牲股东利益来开展企业社会责任行为来获取自身的社会利益或政治目的。自由秩序之父哈耶克(Hayek,1969)也站在企业社会责任的对立面上,他提出企业履行社会责任的过程难免会受到政府部门的引导或干预而失去自由意志。因此,在20世纪60年代,诸多新古典经济学派的学者从交易费用、不完全契约、委托代理等各种理论对企业社会责任理论进行反驳,提倡"股东至上"的精神和经营理念。

然而,到了20世纪60年代末期,在经济发展中倡导"股东至上"的美国和英国都遇到了诸如环境污染、工人游行等一系列社会问题,而德国、日本等实行内控型公司治理方式的国家,在企业经营过程中充分融入人本主义思想(Blair M.M.,1995),同时注重于企业利益相关各方的需求,反倒让整体经济迅速崛起。尽管我们无法确认美国、英国等奉行"股东至上"主义的公司治理制度设置是否是导致其国民经济陷入窘境的最主要原因,但这种公司治理模式导致企业管理人员严重陷入对短期目标的追逐战,而无法更全面长远地考虑企业发展的现实状况以及不断凸显的企业伦理、可持续发展问题,这已经引发西方学术界对企业制度的反思,越来越多的学者开始转投企业社会责任的阵营,企业家也开始意识到企业需要承担的不仅仅有经济责任,其他诸如法律、慈善、道德等各类社会责任都必须纳入考虑的范畴(McGuire,1963)。一个有社会责任感的企业应当平衡多种利益,除了为股东创造价值外还要将企业员工、代理商、供应商、社区、非营利组织和国家的利益都考虑在内(Johnson,1971)。此后,戴维斯(Davis,1973)在他的研究中将企业对超越经济、法律、技术等基本需求的社会问题而开展的考虑和回应,明确作为企业社会责任的定义,他提出的"法律终止之处即是企业社会责任的开端"观点得到后续研究人员广泛引用和认可,奠定了他在企业社会责任领域的学术地位。此外,还有学者对企业社会责任提出三个维度的分类:社会义务(social obligation)、社会责任(social responsibility)与社会响应(social responsiveness)。"社会义务"通常是强制性的,是企业必须对市场与法律层面做出的行动和回应;"社会责任"是指超越"社会义务"的非强制性的并且与社会规范、主流价值观相同的企业行为;而"社会响应"是企业自发自愿的行为,主动顺应和满足社会需要和期望。

基于上述研究,学术界开始对企业社会责任的内涵开展了进一步的理论探索。企业社会责任绩效(Corporate Social Performance)源于企业社会责任概念的延伸,鲍恩(Bowen,1953)认为企业有责任依照社会所需要的价值观和目标来进行决策并采取行动。关于如何定义企业社会绩效,学术界主要分为过程和结果导向两派。斯科特(Scott，1992)基于结果导向将"企业行为反映出的社会结果"定义为企业社会绩效，但仅仅对结果进行测量而忽略过程是相对静态的概念。基于过程导向，伍德(Wood，1991)构建了更为完整的企业社会绩效整体框架，他将企业社会绩效的概念定义为"一家企业对于社会责任的原则、对于社会责任回应的过程以及可观察到的结果"。作为企业社会责任绩效理论的积极倡导者，卡罗尔(Carroll，1979)提出了企业社会绩效的三维度模型：企业涉及的社会责任类别，企业涉及的社会议题、企业回应的策略。基于以上这些定义和模型构建，企业社会绩效的具体评价逐渐被纳入学术界研究的范畴，鉴于企业利益相关者是企业社会责任行为无法绕开的对象，那么由利益相关者(尤其是外部利益相关者)参与企业社会绩效的评价将有助于企业更好地完善自身的管理，促进企业与利益相关者各方更好地沟通。从以往的文献来看，基于顾客视角、员工视角和投资者视角对企业社会绩效的研究已经取得了较为丰富的成果。从顾客视角来看，企业绩效是品牌实现差异化战略的重要途径(Luo 和 Bhattacharya，2006)。从员工视角来看，拥有较高企业社会绩效的组织也能够吸引更高素质的人才(Greening 和 Turban，2000)。同样的，社会绩效良好的企业在资本市场上也会受到更多青睐(Cox，P.，Brammer，S.，和 Millington，A.，2004)。综上所述，在对企业社会责任行为是如何对其自身和社会公众绩效影响的研究中，企业的利益相关者是一个始终无法绕开的关键要素。

2.1.1.2 利益相关者理论

(1) 利益相关者理论的发展演进

"利益相关者"首次出现是梅里克·多德(Dodd，1932)年在其名为 *For Whom Are Corporate Managers Trustees*? 一书中提及，之后对传统"股东中心理论"的批判在 1963 年由斯坦福研究所提出。然而在 20 世纪前期，由于整个学术界仍对于："企业是否应该承担社会责任？企业应当承担哪些社会责任？企业如何承担社会责任？"这三大企业社会责任的核心问题存在争论，该理论萌芽未能在当时得到普遍认同。正如前文所述，直到 20 世纪 60 年代，德国和日本在企业社会责任领域的公司治理实践才引发了学术界和企业界共同的反思，并由此带来 70 年代对于企业社会责任内涵的重新审视。弗里曼在其所著的《战略管理：一种利益相关者的方法》中，正式提出了"利益相关者"这一概念。作者对利益相关者的基本特征进行描绘，并从企业战略管理和实施的视角对企业利益相关者影响其经营发展的关系进行探讨。利益相关者被他定义为那些"会显著影响一个组织或团体的目标实现，或受到组织及团体实现目标过程影响的全部个体及群体"。从企业战略发展的角度来看,任何一家企业的经营发展都无法离开其利益相关者所提供的资源和协助,企业所追求的应该是全体利益相关者的整体利益,而非某些个体的独占性利益(弗里曼,1984)。

随后,该理论在唐纳森、克莱克森、卡罗尔和布莱尔等诸多学者的共同努力下迅速发展并运用到各个研究领域。该理论认为企业本质上就是由不同利益相关者组成的(简森和麦克林,1976),企业发展的目标应当是尽量满足所有利益相关者的诉求,并为他们创造价值。同时,由于企业发展过程中的资源投入都来自不同的利益相关者,企业的控制权和剩余索取权不可以过于集中在股东手中,而有必要考虑各个利益相关者所提供的资源基础(贾瓦哈尔,2001)。企业发展需要各个利益相关者共同参与且风险共担,在战略决策过程中企业必须考虑利益相关者的利益和需求(布莱尔,1995)。不同利益相关者有各自的利益要求且重视程度不同(陈宏辉和贾生华,2003),因此企业该如何协调和满足各类利益相关者的不同诉求,是一项艰巨而不可忽视的重要任务(米切尔,阿格尔和伍德,1997)。纵观利益相关者理论框架逐步完善的发展历程,该理论可粗略划分为"影响企业生存、实施战略管理和参与所有权分配"三个阶段,如表2-1所示。

表2-1　利益相关者理论研究框架发展历程

阶段	年代	代表学者	主要观点
影响企业生存	20世纪60—80年代	Rhenman, Ansoft, Pfeffer, Salanti	利益相关者是影响企业生存的必要因素,是相互依存的关系
实施战略管理	20世纪80—90年代	Freeman, Bowie, Goodpaster, Alkhafaji	强调利益相关者在企业战略分析、规划和实施过程中的作用
参与所有权分配	20世纪90年代至今	Blair, Mitchell, Wood, Donsldson, Perston, Jones, Wicks, Clarkson	利益相关者应当参与对公司所有权的分配

(2)利益相关者的界定与分类

关于利益相关者理论如何界定的争论自该概念诞生之日起在学术界就未曾停

歇。斯坦福研究院1963年就利益相关者给出了较为宽泛的定义:有这样一个利益群体,如果缺少他们的支持企业的生存就会存在问题。随后,弗里曼(Freeman,1984)在其著作中对利益相关者的概念做了更加清晰的定义,特指那些能够影响企业实现目标的任何群体和个人,除股东以外他还明确地将政府部门、社区纳入企业的利益相关者范畴中。克莱克森(Clarkson,1994)基于风险承担者的概念对利益相关者进行界定,将利益相关者定义为那些在企业经营过程中投入物质、人力和财务资本并且承担风险的群体。尽管该定义比前述相对客观全面并且更加具体,但其基于资本投入和风险承担这两个关键特征去界定利益相关者的做法是有些过于片面的。国内学者对利益相关者的研究起步比较晚,李苹莉(2001)认为利益相关者与企业存在一种潜在的契约关系,特指那些能够从企业发展中受益或与企业经营行为产生相互影响的组织或个人,也有学者认为利益相关者会期望从企业经营中获取利益,双方关系通常通过契约来联结并且风险共担。我们发现国内学者更倾向于认为利益相关者与企业之间存在一种契约关系,而实际上在更为广义的利益相关者概念中,社区、环境、竞争对手甚至普通消费者等利益相关者和企业之间都没有所谓的契约关系。综上所述,我们认识到准确定义企业利益相关者并非易事,但鉴于利益相关者随着时代发展在企业中愈加重要,学术界仍在不断从新的角度尝试界定利益相关者的概念,本文倾向于对弗里曼的广义利益相关者概念进行补充,将利益相关者定义为(直接或间接)影响企业的生存和发展且会受到企业经营活动影响的企业内外部组织或个人,具体包括了股东、雇员、债权人、客户、供应商、经销商、竞争对手、媒体、政府部门、社会公众乃至自然环境等。

上述利益相关者都会对企业的经营和发展过程产生极为重要的影响,同时他们能够为企业提供的资源和各自的诉求也存在着相对的差异性。因此,有针对性地将企业的利益相关者纳入企业管理和战略发展的考虑范畴中,对企业管理的复杂度和全面性都提出了全新的要求。我们认为,只有对利益相关者进行科学分类才能针对不同类别的利益相关者进行统筹管理。根据文献梳理,利益相关者的分类主要以米切尔评分法和多维细分法为主。米切尔(Mitchell)等依照合法性(某一群体在法律上、道德上是否被赋予对企业的特性索取权)、权力性(某一群体对于企业决策产生影响的能力及相应的手段)以及紧急性(某一群体的利益诉求是否能迅速引起企业管理人员的关注)三大属性对企业全部的利益相关者展开评分(米切尔、阿格尔和伍德,1997),将同时拥有以上三项属性的划归为确定性(definitive)利益相关者,拥有两项属性根据交叉种类不同分为关键性(dominant)利益相关者、依附性(dependent)利益相关者和危险性(dengerous)利益相关者,而仅有一种属性的群体,分别是潜伏性(dormant)利益相关者、自由量裁性(discretionary)利益相关者和苛求性(demanding)利益相关者。具体如图 2-1 所示。

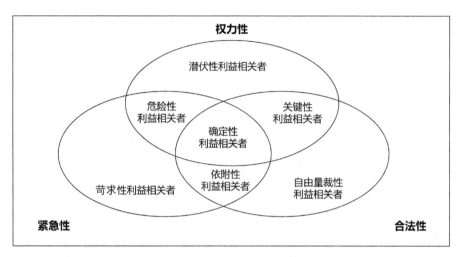

图 2-1　利益相关者的米切尔评分法

对多维细分法的研究比较丰富,最早期的应当是弗里曼(Freeman,1984)从企业所有权、对企业的依赖性和企业的社会利益这三个层面对企业利益相关者的区分,公司股东和债权人属于对企业拥有所有权的利益相关者类别,企业管理层、员工、供应商、客户、行业竞争者等属于企业依赖性的利益相关者类别,而政府部门、媒体、社会公众及社区、自然环境等则属于社会利益性的利益相关者。弗雷德里克(Frederick,1988)则相对简洁地将企业利益相关者分为直接和间接这两种类别,直接利益相关者特指公司股东、债权人、企业员工、供应商、客户乃至竞争者,那些会与企业发生直接交易关系或与日常经营相关度比较高的对象,而间接利益相关者则主要包含了政府部门、社会公众、媒体、民间组织等与企业间非交易关系的组织或个体。查卡姆(Charkham,1995)从双方是否存在合同关系出发,将利益相关者分为契约型和公众型。维勒(Wheller,1998)则根据利益相关者在企业运营相互影响过程中是否与人产生联系,将其分为社会性的和非社会性的利益相关者。在本研究中,我们更偏向于认为,克莱克森(1995)基于利益相关者与企业联结的紧密程度而划分的首要利益相关者和次要利益相关者具有更强的实用性。首要的利益相关者主要指参与企业市场交易环节以及"企业生存所必须倚靠"的主体,消费者、员工以及产业链上下游企业,是企业首要利益相关者最为重要的组成部分。次要利益相关者指那些会影响到企业或被企业影响到,却并不会过多参与企业交易流程的主体(Clarkson,1995),通常意义上的次要利益相关者指社区、政府部门和非营利机构(Lankoski,2009)。利益相关者理论的相关研究显示,企业选择如何对待和处理这两类主体的需求,将在很大程度上影响企业绩效(Maignan 和 Ferrell,2005;Berman 等人,1999)。与此同时,我们还需要注意到企业利益相关者有时会根据企业内外部环境转换其所在的类别。例如在市场竞争非常激烈的情况下政府部门可能是相对次要的利益相关者,而垄断程度高的行业政府有可能又会转变成为主要利益相关者。

该理论不仅有效回答了企业社会责任的三大核心问题,还对企业战略管理领域的里程碑式学者迈克尔·波特(Michael E. Porter)的研究产生了重要启示,并由此为企业社会责任领域的后续研究确立了全新的理论标杆。第一,利益相关者理论对企业履行社会责任行为的动因进行了更为清晰的解释,有效回应了企业社会责任理论的反对者提出的该行为会降低企业价值的观点。利益相关者理论认为,企业的发展不仅要考虑股东利益,还必须维护和满足其他各类利益相关者的诉求(Freeman,R.E.,1984;Jawahar,I.M.,2001);企业通过履行社会责任行为能够获取利益相关者的支持,从而收获各种稀缺性和异质性的资源,进而提高其竞争能力,增加企业多元化的价值(Jones,T.M.,1995)。第二,利益相关者各自不同的诉求反映了企业履行社会责任行为所对应的具体主体和内容,从而使学术界和企业界更加明晰企业社会责任包含的职责和内涵。卡罗尔(1979,1991)提出的企业社会责任金字塔模型涉及企业经营活动的各个领域,但对更为具体的责任对象及其对应内容却缺乏更明确的规定(郑海东,2007),而将利益相关者理论引入社会责任的研究领域有效回应了"企业应该为谁承担怎样的责任?"这一问题,克拉克森(1995)认为企业要对全部利益相关者负责,具体演化成企业对公司股东、债权人、政府部门、企业员工以及供应商等个体或组织的责任(Mitchell,R.K.,1997;Wheeler,D.,1998;陈宏辉,2003),更为科学合理地明确了企业社会责任的具体对象和内容(冯臻,2010)。第三,企业充分认识利益相关者支持对其生存发展的重要作用,因此必须将企业履行社会责任的行为与不同的利益相关者之间有机关联起来,只有明确了解利益相关者诉求的具体内容,才能更好更有针对性地履行企业社会责任,并建立彼此间良好的关系,籍此获得有价值的资源,例如财务支持、员工敬业度、客户品牌认同、税收减免等(Choi,J. & Wang,H.,2009;Hull & Rothenberg,

2008；Kim，H. R.等人，2010；Luo 和 Bhattacharya，2006；McWilliams 和 Siegel，2011)。

2.1.1.3 企业社会责任行为对利益相关者的影响

Salancik，G. R. 和 Pfeffer，J.P.(1978)的研究认为，利益相关者掌握企业经营发展所需的各类资源,这些资源的投入与否会对企业创新、绩效和价值创造产生至关重要的影响。因此企业不可避免地要考虑利益相关者的诉求并给予满足,这样势必增加各类利益相关者的资源倾斜和投入。不可否认的是,企业通过战略性地履行社会责任并达成各类利益相关者的期望,会显著提升利益相关者向其投入资源的数量和质量。反之,若企业将社会责任抛诸脑后或置于较低的优先级对待,其所处的社会网络中的各类利益相关者势必缩减资源投入,甚至有可能做出更为激进的对应措施,例如公司股东"用脚投票"、企业员工消极怠工,或者政府部门增加惩罚措施和力度等手段(肖红军,张俊生,曾亚敏,2010)。综上所述,针对利益相关者诉求而履行企业社会责任,是企业为其自身乃至整个社会创造价值的过程中极为重要的环节。

从对股东产生的影响来看。第一,积极履行社会责任的企业可向二级市场传递更为积极的信号,有效降低信息不对称。该举动能够使股东更多了解到企业经营及管理情况,对股东行为决策产生正面影响。第二,股东通常对社会责任表现出色的企业有更强的信心,企业积极的社会责任行为能够降低股东对未来经营风险的预期。第三,积极履行社会责任还能够正面提升企业价值,吸引大量投资者买入企业股票,从而提升股票的流动性和价格(王辉,2005)。相反,那些缺乏社会责任的企业,公司股东及二级交易市场均会对其给予较为负面的反馈(肖红军,张俊生和曾亚敏,2010)。通常,企业在履行社会责任中出现不利事件时,中小股东往往给予消极反应并抛售股票进而导致股价下挫。沈洪波、谢越和陈峥嵘(2012)对紫金矿业污染事件与其股价的相关性进行研究后发现,二级市场对自发惩戒污染类型的企业,其估值会因为环保原因得到对应下调,同时在污染事件发生后,企业如不妥善处理将会得到比同行业其他企业更加负面的市场反馈。

从对债权人的影响来看,他们是企业资金的重要提供者,债务融资是企业目前经营发展过程中无法替代的资金获取方式,因此企业必须负起到期还本付息的责任,这是对债权人最基本的社会责任。如果企业有侵犯债权人利益的行为,债权人必定会以限制性条款、撤资乃至起诉等行为对企业进行抵制。此外,良好的债务关系还能够提高企业在融资市场上的声誉,有效降低企业经营及融资的不确定性,并最终促使企业获取更良好的贷款条件以及更大的贷款数目。沈艳和蔡剑(2009)通过研究发现,企业社会责任表现与其融资能力存在正相关性。社会责任表现良好的企业基于银行等金融机构的贷款能力往往更强,与此同时,及时披露企业社会责任行为的企业也更容易获取更长的贷款期限和更低的贷款利率。

从对企业员工的影响来看,履行社会责任的企业往往更容易吸引和留住优秀员工。与此同时,对员工的企业社会责任行为能有效提升其在工作岗位上的满意度进而增加员工的忠诚度,降低优秀员工的离职率,同时降低企业对员工的培训成本。除此之外,为员工创造优良的工作氛围和环境、适当降低员工劳动强度、持续提升员工的福利待遇并积极与员工做好沟通工作等,都会使员工从日常工作中感受到来自组织的关怀,一方面消除其消极怠工的负面情绪,另一方面还可能激发其工作的积极性和创造力,甚至为组织利益适当牺牲个人利益作为回报(李祥进,杨东宁,徐敏亚等人,2012)。

从对企业客户的影响来看,企业社会责任行为会激发消费者购买的积极性和对品牌的认知性响应(Sen,Bhattacharya 和 Korschun,2006)。莫尔和韦伯(2005)研究认为,企业社会责任行为会正向影响客户对产品的评价,并提升购买意愿,进而提高客户的品牌忠诚度,以及对产品和企业的认同感,最终促进客户重复采购的行为及推荐给旁人的意愿等。相反,社会责任表现较差的企业可能会使消费者抵制其产品或服务,行业口碑也会因此逐步丧失。总之,履行企业社会责任较好的企业能够从各个方面获得消费者更多的回报,反之则反。

从对供应商的影响来看,作为企业原始物料及相关服务的提供者,供应商的诉求与企业的利益目标基本保持一致。因此,双方在一定程度上能够达成风险共担、信息互通及利益共享等。供应商有更强的愿意与履行社会责任的企业进行交易和合作,卡特(Carter,2005)研究认为,对供应商履行社会责任会有效促进供应商的组织学习,从而提高供应商的绩效并降低企业自身采购成本。罗伊特等(2010)进一步研究证明,对供应商履行可持续企业社会责任,能够提高供应商对买方需求的反馈速度并提供更高质量的产品,从而提升买方企业的绩效。反之,若企业对供应商的社会责任表现较差,则有可能导致供应商提高供货价格或取消原有的赊销政策等。Lemke 和 Peterson(2013)提出企业应当通过管理供应链伙伴的社会责任来控制声誉风险,并保证整个供应链的社会声誉。

从对政府部门的影响来看,作为社会公众的集权代表,政府部门的主要职能是考虑社会利益的最大化,因而也会非常重视企业的社会责任行为。企业通过担起社会责任满足政府部门和社会公众的期望,是获取政府支持和政策倾斜的重要策略。具体来看,政府会选择用税收优惠、市场准入、产业政策及融资支持等各项措施来辅助社会责任表现较好的企业以增强其在行业中的竞争优势(贾生华和郑海东,2007)。有相关研究证明企业会将其捐赠行为作为体现社会责任的一种外在表现形式,通过向社会提供各类公共服务来承担一部分政府部门的工作职能,从而补偿性地获取政府部门更多的资源及政策性补助(Wang 和 Qian,2011)。相反,逃避或敷衍社会责任的企业,政府部门有可能进行管制和惩罚。宁亚春和罗之仁(2010)的研究从政府偏好和执行力对企业的管制影响入手,认为政府部门处罚或管制将促使不积极履行社会责任的企业逐步丧失竞争优势进而被市场淘汰,同时政府部门的不同偏好还将影响其对企业的管制力度。

2.1.1.4 企业履行社会责任的动因与结果分析

通过上述文献梳理,我们发现自利益相关者理论出现后,学术界更多地针对企业社会责任的动因和结果展开深层次的分析,并进行了大量的实证研究。而对企业履行社会责任的动因和结果研究又主要从制度层面、组织层面和个人层面展开。因此,本文将基于阿吉尼斯和格拉瓦斯(Aguinis 和 Glavas,2012)关于企业社会责任的综述研究对以上三个层面的企业社会责任动因和结果进一步梳理和补充分析:

如表 2 – 2 所示,从制度层面来看,企业履行社会责任的动因主要来源于制度性利益相关者压力、监管和评价标准以及第三方的评估(Aguinis 和 Glavas,2012)。Grunig(1979)发现不同利益相关者,如股东、消费者、媒体、当地社区等,由于其角色不同以及参与企业的活动不同,对企业社会责任有不同期望。Aguilera 等(2007)研究认为,利益相关者要求企业履行社会责任的动机主要可分为工具型、关系型和道德型三种,例如客户可通过对企业的评价与购买产品、政府可通过控制稀缺资源和市场准入等,对企业的收益、资源和声誉产生影响,继而对企业履行社会责任施加压力。除利益相关者外,宏观制度环境中监管、规制、文化认知和评价标准也会影响企业履行社会责任,如法律规定、文化环境、行业认证、消费者社会责任认知等。但制度压力常常会导致企业在形式上履行社会责任而非真正重视企业社会责任,即屈服于制度压力仅仅达到最低的企业社会责任标准(Tenbrunsel 等人,2000)。

表 2-2 企业履行社会责任动因的实证研究

	制度层面	组织层面	个人层面
企业社会责任的动因	(1)制度性利益相关者压力 √利益相关者影响 (Boal & Peery, 1985; Brammer & Millington, 2008; Greening & Gray, 1994; Henriques & Sadorsky, 1999; Sharma & Henriques, 2005; Stevens 等人, 2005) √股东激进主义 (David 等人, 2007) √贸易相关压力 (Boal & Peery, 1985; Muller & Kolk, 2010) √媒体压力 (Davidson & Worrell, 1988; Weaver 等人 1999a, 1999b) √顾客评价及购买决定 (Christmann & Taylor, 2006; Sen & Bhattacharya, 2001) √当地社区压力 (Marquis 等人, 2007) √组织域影响 (例:公司处于某个组织联盟群中(Hoffman, 1999) (2)监管和评价标准 √监管和承诺 (Buehler & Shetty, 1974; Fineman & Clarke, 1996) √评价标准和认证 (Christmann & Taylor, 2006; Tenbrunsel 等人, 2000) √整体公众期望 (Grunig, 1979)	(1)工具性动机 √提升竞争力 (Bansal & Roth, 2000) √寻求合法性 (Bansal & Roth, 2000; Sharma, 2000) √组织获益 (Buehler & Shetty, 1974; Stevens 等人, 2005; Waddock & Graves, 1997a) (2)使命与价值观 √职责与责任感 (Bansal & Roth, 2000) √企业使命 (Marcus & Anderson, 2006) √企业价值 (Maignan 等人, 1999) √组织联盟的价值 (Bansal, 2003) (3)股东/所有权 √最高管理层权益 (Johnson & Greening, 1999) √长期性所有权制度 (Neubaum &Zahra, 2006) (4)企业架构与管理 √产品和操作技术 (Klassen & McLaughlin, 1996) √外部董事 (Johnson & Greening, 1999) √公共事务及内部影响 (Bhambri &Sonnenfeld, 1988) √组织架构 (Victor & Cullen, 1988)	(1)高管承诺 √监管人 CSR 承诺 (Buehler & Shetty, 1976; Greening & Gray, 1994; Muller & Kolk, 2010; Ramus & Steger, 2000) √管理层承诺 (Weaver 等人, 1999a,b) √监管人鼓励 (Ramus & Steger, 2000) (2)价值观 √CEO 价值观 (Agle 等人, 1999) √CEO 对利益相关者价值的重视 (Sully de Luque 等人, 2008) √员工价值观 (Mudrack, 2007) √个人与组织价值观的一致性 (Bansal, 2003) (3)其他 √员工对 CSR 事件的关注度 (Bansal, 2003; Bansal & Roth, 2000; Mudrack, 2007) √管理者社会资本 (贾明和张喆, 2010; 张川等, 2014) √个性特质和态度 (Mudrack, 2007)

（续表）

	制度层面	组织层面	个人层面
企业社会责任的动因	√消费者的感知社会责任（Brown & Dacin，1997；Sen & Bhattacharya，2001） (3)第三方评估 √社会指数的增加或删减（Doh 等人，2010） √环境评估（Chatterji & Toffel，2010）	√CEO 薪酬结构（Deckop 等人，2006）	√CEO 在当地社区的嵌入性（Galaskiewicz，1997）

在组织层面,企业履行社会责任的动因主要包括企业的工具性动机,即认为社会责任有利于提高企业的竞争力和合法性(Bansal 和 Roth,2000；Sharma,2000),同时让企业获取来自各利益相关者的利益(Bansal 和 Roth,2000；Boal 和 Peery,1985；Buehler 和 Shetty,1974；Stevens 等人,2005；Waddock 和 Graves,1997)。此外,企业会出于责任感、使命感、价值观等重要动因履行企业社会责任(Maignan 等人,1999；Bansal,P.,和 Hunter,T.,2003)。而企业的规模、所有制类型、高层的股权结构、经济资源禀赋以及与社会联系的紧密程度等都是影响企业履行社会责任的一系列客观因素(Victor 和 Cullen,1988；Klassen 和 McLaughlin,1996；Johnson 和 Greening,1999；Neubaum 和 Zahra,2006；Deckop 等人,2006)。

从个人层面出发,高层管理者对于 CSR 行动的承诺和鼓励是推动企业社会责任行为的重要因素(Aguinis 和 Glavas,2012；Greening 和 Gray,1994；Muller 和 Kolk,2010)。雷默斯和斯蒂格(2000)研究发现,那些更愿意发展和推进创新性想法的雇员都曾接受到他们高管强烈的鼓励和承诺。此外,高层管理者及员工的特征和价值观也是影响企业社会责任的重要变量。例如,管理者和员工的价值观与组织价值观的一致性会影响其决策行为,继而影响企业的社会责任(Agle 等人,1999；Bansal,2003；Mudrack,2007；De Luque,M. S.,2008)。例如 CEO 变革型领导风格会促使企业关注更多的利益相关者需求,从而更好地履行企业社会责任(Waldman 等人,2006)；管理者的社会资本与企业社会责任的关系也得到越来越多的关注,高管的政治关联会促进企业的慈善捐赠行为,企业高层的政治关联会对企业融资和财务绩效产生影响,促使企业履行社会责任(张川,娄祝坤 & 詹丹碧,2014)。同时,员工作为企业运作的重要组成部分也是企业社会责任领域学者关注重点。例如,班赛尔和罗斯(2000)、班赛尔(2003)、海明威(2005)和穆德拉克(2007)等学者通过研究发现,企业员工的个人主义价值观以及对社会责任事件的关注度都会影响到企业整体的社会责任导向。阿奎莱拉(2007)还提出了员工心理需求对其社会责任行为影响的理论模型。而鲁普(2010)通过对组织决策环境的研究发现,更具自主性的环境有利于企业开展社会责任行为。

对企业履行社会责任的结果分析如表2-3所示,从制度层面来看企业履行社会责任的结果主要包括获得合法性和提升企业社会声誉(Verschoor,1998;Brammer 和 Pavelin,2006;Sen 和 Bhattacharya,2001)。企业通过履行社会责任使其组织结构和行为与其所处社会经济环境的社会规范、各个利益相关者的价值、期望保持一致而获得合法性(Dacin M. T.等人,2007)同时,履行社会责任也可看作是企业的"保险策略",向各利益相关者传达负责的形象,从而降低负面影响(Godfrey P. C.等人,2009)。从提升企业声誉的视角来看,通过在不同的外部利益相关者中建立良好企业形象,能够获得消费者的满意、信任和忠诚度,从而最终提升企业长期的财务绩效(Fombrun 和 Shanley,1990;Turban 和 Greening,1997;Waddock 和 Graves,1997;Brown 和 Dacin,1997;Sen 和 Bhattacharya,2001;Arora 和 Henderson,2007;Maignan 等人,1999)。

表2-3 企业履行社会责任结果的相关实证研究

	制度层面	组织层面	个人层面
企业社会责任的结果	(1)合法性 (Godfrey P. C. 等人2009;Dacin M. T.,2007;) (2)企业声誉 (Brammer & Pavelin,2006;Fombrun & Shanley,1990;Turban & Greening,1997;Verschoor,1998;	(1)财务表现 资产收益、共同基金收益、股权投资收益、销售规模及股价等 (Arya & Zhang,2009;Barnett & Salomon,2006;Brammer & Millington,2008;Cochran & Wood,1984;Davidson & Worrell,1988;Doh 等人,2010;Hillman & Keim,2001;Hull & Rothenberg,2008;Klassen & McLaughlin,1996;Lev 等人,2010;Luo & Bhattacharya,2006;Maignan 等人,1999;Margolis & Walsh,2003;McGuire 等人,1988;McWilliams &	(1)员工对组织认同感 (Carmeli 等人,2007) (2)员工留存度 (Jones,2010) (3)员工敬业度和绩效 (Glavas & Piderit,2009;Jones,2010)

(续表)

	制度层面	组织层面		个人层面
企业社会责任的结果	Waddock & Graves，1997b) √ 消费者对产品/公司评价 (Brown & Dacin，1997；Ellen 等人，2000；Sen & Bhattacharya，2001) √ 消费者对产品/公司选择 （Arora & Henderson，2007；Sen & Bhattacharya，2001；Maignan 等人 1999)	Siegel，2000；Orlitzky 等人，2003；Waddock & Graves，1997a) (2)组织能力提升 √ 良好的管理实践 (Waddock & Graves，1997a) √ 提升运作效率 (Sharma & Vredenburg，1998) √ 产品质量 (Agle 等人，1999；Johnson & Greening，1999) (3)其他与市场相关的结果 √ 减少企业风险 (Bansal & Clelland，2004；Godfrey 等人，2009；McGuire et al.，1988) √ 竞争优势 (Greening & Turban，2000) √ 吸引投资者 (Graves & Waddock，1994)		(4)员工间关系提升 （Agle 等人，1999；Glavas & Piderit，2009) (5)对未来员工的吸引 （Greening & Turban，2000；Turban & Greening，1997) (6)员工创新 (Glavas & Piderit，2009)

从组织层面来看,履行企业社会责任对企业自身影响的研究主要集中于讨论社会责任行为与企业经营绩效的关系上,包括企业履行社会责任对于共同基金收益、资产收益、股权收益、销售量及股价等各类指标的影响(Arya 和 Zhang,2009; Brammer 和 Millington,2008；Barnett 和 Salomon,2006；Doh 等人,2010; Hillman 和 Keim,2001；Hull 和 Rothenberg,2008；Klassen 和 McLaughlin, 1996；McGuire 等人,1988；McWilliams 和 Siegel,2000；Orlitzky 等人,2003), 但由于对企业社会责任的测量指标、样本选取、研究方法上存在较大差异和争论, 目前尚未对此达成较为统一的结论(Peloza,2009),但更多的研究结论倾向于企业社会责任有助于提升企业财务绩效(Luo 和 Bhattacharya,2006)。此外,基于组织层面的企业社会责任研究在非财务绩效的领域也广泛地开展,包括企业竞争优势(Greening 和 Turban,2000；McWilliams 和 Siegel,2011)、企业社会资本(徐

尚昆 和 杨汝岱，2009）、运营效率（Sharma 和 Vredenburg，1998）、对员工的承诺（Farooq 等人，2014）、产品质量和管理水平（Waddock 和 Graves，1997a；Agle 等人，1999；Johnson 和 Greening，1999）等诸多方面。

从个人层面来看，履行企业社会责任的企业能够提升员工的组织认同感（Carmeli 等人，2007）、员工留存度（Jones，2010）、员工敬业度及工作绩效（Glavas 和 Piderit，2009；Jones，2010）、员工间关系提升（Agle 等人，1999；Glavas 和 Piderit，2009）、对为未来员工的吸引（Greening 和 Turban，2000；Turban 和 Greening，1997）及员工创新（Glavas 和 Piderit，2009）等诸多方面。同时，研究还发现管理者对于企业伦理的重视、对公平的敏感性、员工个人的背景差异等因素会对企业社会责任的结果起到调节作用（Bansal 和 Roth，2000；Bansal，2003；Muller 和 Kolk，2010）。

2.1.1.5　基于不同理论视角的企业社会责任与企业绩效关系研究

通过上述文献的整理我们不难发现，围绕企业履行社会责任动因和结果的研究始终绕不开的是那些与企业经营、发展息息相关的利益相关者，而从管理学角度看，最受关注同时也备受争议的问题必定是企业社会责任将如何影响企业绩效？是正向、负向、U 型、倒 U 型还是两者之间没有显著关系？经过对以往文献的梳理，我们发现社会责任行为对企业绩效产生不同影响的结论，与研究的理论视角有比较大的相关性，目前来看学术界对两者间关系的研究主要基于以下四种理论：①成本视角、②委托代理理论、③利益相关者理论、④资源基础观。下文将对基于不同理论视角的文献进行梳理归纳，以期寻找两者间内在的逻辑关系。

从成本视角来看，通常大部分的研究认为企业社会责任会对企业绩效产生负向的作用。成本视角的代表人物弗里德曼在自己 1962 年著作中提出，他当时认为企业履行社会责任会增加企业运营成本，这与企业的首要义务——为股东创造价值是相互冲突的（Friedman，1962）。尽管这种观点在 20 世纪后半叶已无忠实拥趸，但另外一些学者基于企业资源有限性提出，履行社会责任势必无法将有限资源投入到核心商业活动中（Davis，1973；McWlilliam 和 Siegel，2001；），无论是社会慈善、员工福利还是环保投入都将分走有限的企业资源，因而会让企业在竞争过程中处于劣势。但这种基于简单"成本——收益"分析模型，忽略了企业投入产出过程的复杂性，因此遭到"眼光短浅"的批判（Mackey 等人，2007）。

从委托代理理论视角来看，大多数基于该理论对企业社会责任与企业绩效关系的研究结论也偏负向。但有别于成本视角仅仅关注于企业直接成本投入，基于委托代理理论的研究者认为，企业履行社会责任行为通常是由于企业高层管理人员的个人意志(Williamson,1964),而这种缺乏监督机制的行为可能引起代理成本的上升。赖特和费里斯(1997)发现部分企业管理人员会通过推动企业履行社会责任为自身谋取社会威信、政治、甚至是未来的职业机会。尤其濒临退休的管理者会更加忽视或牺牲企业绩效,投入包括慈善在内的各项社会责任活动中(Kang 等人,2016)。这种观点的缺陷在于认为企业仅需建立有效的监督机制即可杜绝此类现象的发生,而多数企业都已采取此类行动来避免代理成本的上升问题,因而这种观点并未占据主流。

基于利益相关者理论和资源基础观这两种理论对企业社会责任和企业绩效的研究一直以来都是学术界探讨的重点,在表 2-4 中我们将近 20 年来基于上述两种理论视角对企业社会责任和绩效之间的研究进行更为细致的梳理。

表 2-4 不同理论视角下企业社会责任与企业绩效关系的实证研究

核心理论	作者	主要观点
利益相关者	Jones,1995	企业履行社会责任能够增强与利益相关者之间的互信,加强合作从而提升企业绩效
	Turban & Greening,1997	履行企业社会责任,有助于优秀员工的激励和保留并提高企业生产效率
	Sen & Bhattacharya,2001	履行企业社会责任能够吸引顾客并提高其忠诚度
	Barnett & Salomon,2006	企业社会责任的投入在初始阶段回报较慢,后期优势会逐渐凸显,整体呈现 U 型
	Cheng 等人,2014	企业积极承担社会责任,利益相关者的投入能够降低代理成本同时增加企业透明度,降低信息不对称,有助于获得金融机构贷款
	Flammer,2015	企业发表社会责任倡议会带来会计绩效的提升,有助于劳动生产力和销售增长率的提升
	Kim 等人,2015	当企业面临较高的竞争水平,企业社会责任行为将促进企业绩效提升;反之在较低竞争水平下,不履行企业社会责任会因为降低成本而维持企业绩效
	Cuypers 等人,2015	企业积极开展慈善捐款有助于绩效提升,但创新性慈善投入相比普通的慈善投入对绩效的影响更加显著
	Mishra & Modi,2016	企业社会责任行为有助于股东价值创造,同时企业的营销能力正向调节上述关系

（续表）

核心理论	作者	主要观点
资源 基础观	Russo & Fouts，1997	企业提升环境绩效有助于提升企业形象，建立无形资产并最终提升企业绩效
	Christmann，2000	企业实施环境管理所获得的污染防治等技术专利将有利于企业建立成本领先优势
	Porter & Kramer，2006	企业成功与社会福利之间并非零和博弈关系，企业将社会责任融入价值链中有助提升企业竞争优势
	Surroca 等人，2010	企业履行社会责任有助于获得（人力资本、企业声誉、企业哲学等）无形资源进而提升企业财务绩效
	Wang & Bansal，2012	新创企业缺乏将企业社会责任转化为回报企业的动能，同时缺乏资源管理利益相关者关系，最终将降低企业绩效
	Luo & Du，2015	企业社会责任行为帮助建立与利益相关者更为紧密和深层次的联系，信息和知识的交流将更进一步促进企业创新能力和绩效

通过表 2-4 的文献梳理，我们发现利益相关者理论和资源基础观视角的研究结论更支持企业社会责任正向影响企业绩效。也有学者认为两者之间并非线性而是呈现出 U 型的关系，比如在时间轴的初始阶段，企业社会责任的投入更多地会占用企业资源，挤压投资机会从而负向影响企业绩效，但随着时间推移社会责任投入的正向溢出效应会凸显出来，帮助企业降低市场风险，从而带来绩效的回升（Barnett 和 Salomon，2006）。

基于利益相关者理论的研究通常从"规范性"和"工具性"两种不同理论框架对企业社会责任行为进行解释（张洪波和李健，2007）。规范性观点的核心思想是，无论经营状况好坏，企业都应对利益相关者的社会责任做出回应并尽量承担，这种从价值判断视角解释企业社会责任而不将企业绩效作为重要考量标准的观点通常归属于伦理学的研究范畴，因此在本书中不做重点讨论。而"工具性"利益相关者理论更为直接地解释了企业如何通过与各利益相关者建立关系来获取资源以提升企业绩效（Jones，1995），因此更加符合现代管理学的研究范式和范畴。琼斯（1995）认为企业基于利益相关者的需求而承担社会责任，是将股东利益最大化的有效策略，企业应当把它看作是一种实现经营目标的工具和手段。克莱克森

(1995)提出,尽管在企业与利益相关者建立关系并对其进行管理的过程中有可能将其引向糟糕的方向,但更为普遍的情况是,企业自主与利益相关者建立关系并都能维持向更好的方向发展,而这种良好的关系对于企业获取资源有很大的促进作用(Maignan 和 Ferrell,2004)。企业与利益相关者建立良好关系为企业绩效提升带来如下益处:员工更加努力并附有创造力的工作,消费者愿意为产业支付更高溢价,供应商更愿意与企业开展行业知识共享(Choi 和 Wang,2009)。此外,利益相关者理论还针对委托代理理论进行回应,企业管理者作为全部利益相关者而非仅仅是股东的代理人,更有意愿与各个利益相关者建立互惠关系,从而避免其出于机会主义考虑逃避监督管理(Hult,2011),而管理层从利益相关者各方获取信息和资源的能力,也将进一步促进企业绩效的显著提升。

基于资源基础观的研究作为对利益相关者理论的深化和拓展,进一步解释了企业针对利益相关者需求履行社会责任而获取竞争优势,提升绩效的内在机理。巴尼(1991)的研究指出,企业提升竞争优势不但需要关注外部环境,还需要发展内部资源和能力,而麦克威廉和西格尔(2011)通过研究发现,企业社会责任行为是构建内部稀缺的、难以替代的资源的有效途径。哈特和阿胡贾(1996)指出企业社会责任行为可以吸引高质量员工并提升企业运营效率;企业将社会责任行为融入产业链和价值链中有利于从供应商处获取更多商业机会和有效信息(Porter 和 Kramer,2006)。从企业社会责任行为促进企业创新的角度切入,企业与利益相关者之间紧密和更深层次的联系将促进行业信息和专业知识的交流从而提升企业创新能力(Luo 和 Du,2015)。

2.1.1.6 工具性利益相关者理论与企业社会责任行为分类

作为对企业社会责任最为重要和最具影响力的研究视角,利益相关者理论认为企业在创造经济利润的同时,还承担着对其利益相关者(比如股东、债权人、员工、消费者、供应商、社区等)的社会责任(Carroll,2000),这些能够直接或间接影响企业商业行为的实体构成了企业社会关系网(Freeman,1996;Mcwilliams 和 Siegel,2011)。工具性利益相关者理论,作为对企业社会责任概念的进一步补充和丰富,提出企业社会责任行为是以创造与企业利益相关者之间长期、互惠互利的关系(Bhattacharya 等人. 2009)为目的而采取的针对性策略(Carroll,2000;Mcwilliams 和 Siegel,2011)。企业通过满足不同利益相关者的需求,建立彼此间良好的关系并获得有价值的资源,例如财务支持、员工敬业度、客户品牌认同、税收减免等(Choi 和 Wang,2009;Hull 和 Rothenberg,2008;Kim 等人,2010;Luo

和 Bhattacharya，2006；McWilliams 和 Siegel，2011），这些都是提升企业竞争优势不可或缺的资源。

企业满足不同的利益相关者的诉求后可以获得各种利益和有价值的资源：满足股东和债权人的利益诉求，有利于企业获得资金和企业决策上的支持（Hull 和 Rothenberg，2008）；在生产中重视员工的安全，关心员工的生活福祉，有利于吸引优秀的员工，提高员工的工作积极性和创造性（Kim 等人，2010）；满足消费者的利益，如提供高质量的产品和服务，有助于提高消费者对该企业的信任和忠诚度，从而增加了产品购买意愿（Luo 和 Bhattacharya，2006）；与政府建立良好的关系，按时缴纳税金，遵守法律制度并承担社会发展的公共服务有助于提高企业的合法性，获得政府财政补贴、税收减免等政策优势（Peng，2003）。同时，Margnan 和 Ferrell（2004）提出了企业利益相关者社区的概念，指出企业利益相关者不仅单独与企业运营产生交集，同时不同利益相关者之间还会进行互联互通，相互影响。例如，2014 年 7 月爆发的福喜劣质肉食品安全事件，由于肯德基、麦当劳等品牌对于供应商管理不善，引起政府部门、媒体以及消费者等一系列利益相关者的曝光和抵制措施。因此，我们认为企业开展 CSR 行动并非是单一指向的（Maignan 和 Ferrell，2004；Barnett，2007），不同利益相关者之间各自特异甚至相互冲突的需求和期望，往往能够激发企业创建新的机制去解决矛盾并保持相对平衡。在此过程中，企业与不同利益相关者间会逐渐建立相互信任、信息分享和共同解决问题的有效机制（Uzzi，1996；Moran，2005）。

工具性利益相关者理论不仅是对企业社会责任概念的补充和丰富，同时还为企业社会责任具体分类的难题解决指明了新的方向（Barnett，2007；Maignan 和 Ferrell，2004）。根据弗里曼（1984）的研究，利益相关者理论对于主体分类需要秉承的最核心原则是：首要利益相关者和次要利益相关者与企业间关系的不同。首要的利益相关者（primary stakeholders）主要指参与企业市场交易环节以及"企业生存所必须倚靠"的主体（Clarkson，1995），消费者、雇员以及产业链上下游企业是首要利益相关者最为重要的组成部分。利益相关者理论的相关研究显示，企业选择如何对待此类主体的行为将在很大程度上影响企业绩效（Maignan 和 Ferrell，2005；Berman 等人，1999）。与之相对应的，次要利益相关者（prior stakeholders）指那些会影响到企业或被企业影响，却并不会参与企业交易流程的主体（Clarkson，1995），通常意义上的次要利益相关者指社区、政府部门和非营利机构（Lankoski，2009）。对应上述利益相关者的分类原则，Homburg，Stierl 和

Bornemann(2013)将企业社会责任的行为也分为两类。

以目标群体为首要利益相关者的企业社会责任行为被称为"企业社会责任的商业行为",该层面主要针对企业核心商业运作和市场交换过程中所涉及和针对的利益相关者,如上文提到的股东、债权人、企业内部员工、产品客户及产业链上下游企业。针对股东和债权人,企业通过努力经营获取较高的利润回报并按时偿还债务可以在企业内部技术创新决策中获得肯定和资金、资源上的支持。针对内部员工,科技巨头 Google 营造个性化的办公室环境(每个新入职员工可获得 100 美元来装饰自己的办公区域)并革新企业文化(取消等级制度、所有工程师都有 20%的自由时间做自己想做的任何事),大大激发了员工的创造力,同时创造了诸如Gmail 邮箱、空间六度理论等深受用户好评的创新产品和理论。针对消费者和客户,由于他们都已完成由被动向主动参与的转变过程(Prahalad 和 Ramaswamy,2000),独特的产品体验和需求是其参与企业产品创新和价值创新的重要因素(徐岚,2007)。除此之外,企业在与供应商的交流互动过程中还可能获得竞争对手的产品信息和需求从而实现技术创新中的差异化战略。

与此相对应的,"企业社会责任的慈善行为"主要指与政府、社区和非营利组织等次要利益相关者进行慈善交涉,以及其他满足社会公共需求为主的企业社会责任行为,这些行为通常与企业核心商业运营没有直接关系(Carroll,1991)。从利他动机(altruistic motive)来看,企业这种公共导向的社会责任行为(社会救助、慈善赈灾)的目的是无偿帮助他人(Sharfman,1994)。同时,由于在这个过程中协助当地政府部门完成了政治任务,维护了社会稳定并帮助政府在地区竞争中获得优势(Jin 等人,2005),企业有效地与地方政府建立起了一种积极的政治关系。因此,当企业选择慈善等公共导向的社会责任行为所获得收益高于其需要付出的政治成本时,它们往往会选择主动配合政府完成任务并建立牢固的政治关系(张敏,马黎珺,张雯,2013)。

2.1.2　社会资本理论

2.1.2.1　社会网络理论

"社会网络"一词最早是 1940 年由英国人类学专家拉德克利夫·布朗(Radcliffe-Brown)提出,主要指一个群落内部的成员行为会受到其所在部落、群体其他成员的影响。社会网络概念一经提出便在心理学、社会学、人类学等各个领域得到广泛运用,但由于其涉及概念较多(网络密度、中心度、均衡性、结构化)且复杂,也始终缺乏一个权威的界定。直到 1988 年,韦尔曼(Wellman)和伯克威茨(Berkowitz)

给出了一个较为成熟且得到广泛认同的定义："社会网络是由其所包含的个体之间的社会关系所构建的相对稳定系统。"该研究中还明确指出了社会网络所包含的三要素：一是网络节点（个人或家庭、部门等组织概念皆可），二是社会联系，即将网络节点串联在一起的纽带（朋友关系、工作关系、亲人关系、社会关系皆可），三是网络结构，即网络节点和他们之间的社会联系所形成的一种模式或形态。埃尔夫林（Elfring）和赫尔辛克（Hulsink，2003）对社会网络概念的界定，更好地补充了韦尔曼和伯克威茨的研究，他们认为：社会网络是由一组特殊类型的社会关系，如友谊、交易关系、成员资格等联系起来的结点（如个人或群体）形成的网络。

随着研究对社会网络理论不断深入，这种范式引起管理学领域的兴趣和关注。格兰诺维特（Granovetter，1992）从网络结构视角出发研究并提出了嵌入理论。他认为所有的经济行为都嵌入在社会网络中，并且必须服从网络的制约和影响。而嵌入性又可以被划分为关系嵌入和结构嵌入。关系嵌入讨论的是网络中个体与其他个体之间直接关系的密切程度，程度越深他们之间就存在越好的信任和互惠互利的基础，而这种基础和要素正是社会网络中不同成员之间相互合作并获取自己所需要的社会资本的有利条件。而结构嵌入讨论的更多是社会网络中不同个体之间相互连接的方式，以及所处的网络位置如何影响其从网络中获取资源类型和数量的问题（Rowley 等人，2000）。吉尔丁（Gilsing）和戴思特斯（Duysters，2008）提出了社会网络中存在着网络资源的观点，认为企业间的网络资源推动了企业网络的生成，同时也是企业获取竞争优势的重要源泉（Carpenter 等人，2012）。因此，社会资本网络理论是社会资本理论发源以及其内涵不断延伸发展的重要基础。

2.1.2.2　基于网络视角的社会资本理论

"社会资本"的概念最早也是发源于社会学，是对个人或者群体在社会中所能获取资源的一种描述。布尔迪厄（Bourdieu，1992）首次给社会资本清晰的定义并进行了系统性分析：社会资本是一种实际或潜在资源的集合，资源的获取或拥有与群体成员组成的关系网络有关，不同成员身份所能得到的资源也是不同的。那哈皮特（Nahapiet）和戈沙尔（Ghoshal，1998）对社会网络理论与社会资本理论的关系进行更为清晰地描述，他们将社会资本定义为个人或者群体从其所嵌入的社会网络以及通过网络渠道所能获取的各类潜在或实际资源，或者说社会网络能够带给个体或组织其所需的工具性利益。到了 20 世纪 90 年代后期，更多的学术研究从内部和外部两个视角去解释社会网络如何为嵌入其中的个人或组织带来社会资本。

从社会网络的内部视角来看，社会网络是一种嵌入其中的个体或组织获取资源的渠道,由于网络中其他个体或组织所拥有的资源或信息能够给自身发展带来利益,因此个体会通过建立信任、利益交换等方式,借由网络渠道动员其他个体进行资源交换(Carpenter 等人,2012)。社会网络的结构特征决定了其网络成员获取资源或社会资本的方式和难易程度。对网络结构的测量通常会从整体网络角度和网络中个体中心角度两个不同视角展开,网络整体角度探寻和描述整个社会网络的结构和性质,从全局性的角度考量其对于所嵌入其中的所有个体产生怎样的影响;而个体中心视角更多关注的是社会网络如何为其中某个核心个体或组织带来益处。无论从哪个视角出发,网络凝聚度和网络定位这两个变量都是研究社会网络如何为嵌入其中的个体或组织带来社会资本的重要视角。网络凝聚度主要是指整个社会网络中的不同个体间互相社会化联系的程度,通常对于网络凝聚度的测量从网络密度、网络中心性以及关系强度(信任程度、交流频率)等方面展开。而网络定位则是反映网络中个体所处的位置,其在网络中扮演怎样的角色以及该位置如何影响其对于资源的获取(Scott,2011)。网络定位与前述提到的结构嵌入有比较高的相关性,而对于该构建的测量通常有中介中心性、接近中心性、点度中心性等诸多方面,而其中最知名的应当是伯特(Burt,1992)基于此提出的结构洞概念。他认为,并非关系强弱决定信息有效性,社会网络中的非冗余程度,也即网络中核心主体跨越的结构洞数量决定了信息的有效性。伯特(2000)还指出,社会网络中的每个个体并非都可以发生直接联系,而是要通过某些核心个体产生间接联系,这种网络结构中出现的空洞我们可以形象地理解为结构洞。

从社会网络的外部视角来看,社会网络本身被作为一种资源来考量。学术界研究更多地关注于企业能否获取这种资源并且更好地利用它,而社会网络的具体结构则不是关注的重点。研究认为,由于在社会网络中内嵌了互惠、信任、权利,因此对于网络中的个体或组织而言就如同一种稀缺的、不可模仿的且未来可以从中收获的社会资本(Adler 和 Kwon,2002)。因此,从网络的可获得性考量,学术界通常采用二分变量来测量企业或个人是否拥有这样的社会网络,而从网络的利用性角度进行考量,巴特贾格尔(Batjargal)和刘(Liu,2004)采用了量表测量企业在多大程度上利用这些社会网络以及主观意愿的强弱。

2.1.2.3 社会资本的功能及分类

从功能性上来看,社会资本对于企业或个人都可看作一把双刃剑,其对于社会网络中的个体、团队、组织以及其他利益相关者都可能产生积极或消极的作用。学术界对于社会资本积极作用的共识包括:一是对有效信息的获取,社会资本有助于信息来源的拓宽和信息质量、时效性的提升（Granovetter，1973；Uzzi，1997；Lin，1999）；二是促进和提升个人或组织在网络内的控制力（Coleman，1988），这个观点更多从网络关系的结构视角切入，跨越结构洞的企业管理者可以通过其拥有的网络结构优势获取和表现更大的权威和权力（Burt，1997）；三是社会资本有利于提升不同网络成员的凝聚力，实现信息共享和价值观的统一，共同实现组织层面更高层次的共同利益（Adler 和 Kwon，2002）。另一方面，有关社会资本对企业发展可能产生负面影响的观点包括：①建立和维系社会关系而过度投入的资源无效性（Hansen，1998）；②过度嵌入社会网络而导致视野和思想的狭隘和盲目性（Nahapiet 和 Ghoshal，1998）。我们不难发现，社会资本对于企业的负面影响更多是"度的把握和平衡"，尤其是在不同情境中如何选择更加合适的方式来获取和利用社会资本是值得后续研究考虑的问题。

社会资本的分类与其概念的界定是相互对应的关系，由于学术界对于社会资本概念的界定存在争论（Granovetter，1995；Nahapiet 和 Ghoshal，1998；Peng 和 Luo，2000；边燕杰和丘海雄，2000；Acquaah，2007），因此企业社会资本的构成和分类也存在较大的差异。那哈皮特和戈沙尔（1988）提出"关系、结构和认知"三维度划分方式，后续在欧美较为成熟的市场经济环境下，格兰诺维特（1995）提出了结构嵌入和关系嵌入的双维度划分方法，得到了学术界对于社会资本概念界定的认同。关系维度指的是社会网络中企业或个人之间的合作与信任，而结构维度包含了企业或个人之间的连接强度、结构洞以及网络中心度等概念，认知维度则关注社会网络中尤其是组织内部的共同价值观和远景等。基于此，后续的学者进行了更深层次的挖掘并提出了一些概念的延伸。比如吉马和默里（2007）通过研究提出，关系维度中的"信任"（Trust）概念能够反映社会网络中不同企业或个体之间的关系质量。而那哈皮特和戈沙尔（1998）提出团结性（solidarity）概念，是社会资本认知维度的关键组成部分，网络成员间价值观和目标的一致性将促进团结和资源交换的效率，从而降低监督成本，减少机会主义行为。而针对处在转型期的新兴经济体，尤其是中国的情境，国外学者中比较有代表性和说服力的企业社会资本划分方式是彭和罗（Peng 和 Luo，2000）基于关系层面的分类：企业社会资本中的商业关系和政治关系。而国内学者边燕杰和丘海雄（2000）则是从产业链的横向和纵向分类入手，将企业社会资本分为横向关系维度、纵向关系维度和社会关系维度。横向关系也可称之为水平关系，是指与同行业内部其他企业（主要是竞争者）或行业协会等保持良好的关系；纵向关系是针对目标企业与相关产业链上下游的供应商和客户;社会关系则是指企业与非经营活动直接相关的利益相关者(政府、慈善机构、社区等)之间的关系。在本研究中,由于我们更多考量企业社会责任行为给企业带来的创新资源,因此主要参考 Peng 和 Luo(2002)的研究,从商业关系和政治关系的角度来探讨企业社会责任行为能够为企业带来哪些关系维度的资源。

商业关系

商业关系指企业与商业伙伴(如供应商、买方企业、竞争者、消费者等)建立的非正式社会关系(Peng 和 Luo,2000),这种网络联系能够为企业带来重要的市场资源(于洪彦,黄晓治等,2013)。首先,企业与商业伙伴通过正式的契约形式或短期交易建立起来的商业关系有助于企业获得公开市场上较难得到的信息,包括产品信息、竞争者动向、消费者需求变化及交易伙伴的诚信信息等(Sheng,Zhou 和 Li,2011)。其次,紧密的商业关系有助于提升商业伙伴间相互学习的机会,共享已有知识,促进新兴知识和技术的融合(Rindfleisch A.和 Moorman C.,2001)。此外,企业在商业社区不同主体建立商业关系的过程中形成公司声誉有助于其获取网络合法性(network legitimacy),这种战略性资源可以提升商业伙伴间的信任从而降低交易成本,同时还有可能吸引潜在的合作者(Heide 和 John,1992;Sheng,Zhou 和 Li,2011)。最后,由于企业能够从供应商、分销商以及合作伙伴获取更多的市场情报,并对市场情况作出及时调整和反馈,有利于加强企业满足客户和消费者的能力(Luo X.,Hsu 和 Liu,2008)。

政治关系

政治关系指的是企业与政府机构建立的非正式的社会关系(Sheng,Zhou 和 Li,2011)。企业与政府机构建立良好的政治关系,有助于降低政治风险,获得社会认可和资源(Peng 和 Luo,2000)。首先,拥有良好政治关系的企业往往能够率先了解政府制定产业规划的趋势和方向,这种信息优势有效地降低了企业资源投入时面临的不确定性。其次,企业通过与政府部门建立政治关系能够增强其获取稀缺资源的能力(Faccio M.等人,2006)。最后,企业通过建立政治关系获得的政治合法性(political legitimacy)有助于在社会舆论和消费者群体中营造良好的声誉,从而在创新产品的市场化推广中提升成功率(Luo X.,Hsu 和 Liu,2008)。

2.1.3 基于能力的理论视角

2.1.3.1 基于能力的理论来源及演化

管理学研究中最受关注也备受争议的问题就是企业如何获取竞争优势,并将优势转化为企业绩效。然而针对这一问题,哈佛学派的产业组织经济学之父乔·

贝恩(Joe S. Bain)却是最早做出回应的学者。1958年,贝恩基于马歇尔的完全竞争理论、张伯伦的垄断竞争理论和配第克拉克的有效竞争理论而提出的"行业结构(Structure)—企业行为(Conduct)—经营绩效(Performance)"(SCP)分析范式最早对此进行了阐述和解释。该研究范式认为,企业所处的外部产业结构决定了企业市场行为,而市场行为则是影响其市场绩效的决定性因素。贝恩认为不同产业对规模经济的要求不同,故此产业结构特征也不同。企业一旦基于规模经济基础形成了垄断或寡头,必将利用垄断地位与其他垄断者共同谋划降低生产规模,并提高产品价格以谋取超额利润。此外,产业垄断者还将构筑产业壁垒以长期获取超额利润。随后谢勒(Scherer,1970)通过完善SCP范式的中各环节的反馈效应使其得到更为完整的阐述。然而,这个产业组织领域的开创性研究尽管在学术界影响力巨大,但也存在着天然的缺陷。除理论基础和演绎逻辑不够严格、未能全面考虑影响因素等原因之外,管理学界存留的最大疑问是该理论以给定的产业结构为前提进行静态的实证分析,却忽略了企业之间现实存在的差异性。例如在双寡头市场中,两家企业所面临的产业结构一致,采取的竞争战略相同,但是它们最终的企业绩效并不一定相同,而这种现象是SCP范式所无法解释的。

由于SCP研究范式仅考虑企业外部产业结构对企业绩效的影响,学术界研究的视角开始转向企业内部。基于资源的理论视角(Resource Based View)最早出现于彭罗斯(Penrose,1959)的著作中,而沃纳菲尔特(Wernerfelt,1984)首次将企业看作一个资源束,企业不断获取关键资源才是谋取超额利润的源泉。巴尼(Barney,1986)提出了组织资源的确切定义,并在1991年将这些能够为企业带来竞争优势的独特资源特征进行总结描述,并建立了基于资源的理论框架,将企业资源划分为一般资源和战略资源(Barney,1991)。资源涵盖范围甚广,包含企业所掌握的且能够控制的能力、文化、组织构成、信息、知识、技术、人才等,而只有战略性资源才能为企业建立长期竞争优势持续提供支持。因此,这些资源具备四个特征:有价值的(Valuable)、稀缺的(Rare)、难以模仿的(Imperfectly Imitable)和不可替代的(Non-substitutable),共同构成VRIN理论框架。此后仍有不少学者基于该理论框架讨论企业获取竞争优势的其他重要因素。理查德·纳尔逊(Nelson,R. R.,1991)认为除了独特的战略性资源外,隔离机制也是企业获取竞争优势的关键,比如信息不对称性、因果模糊性等。彼得罗夫(Peteraf,1993)则提出资源本身并不能带来竞争优势,基于不同资源种类来制定有针对性的企业竞争战略才是关键,例如资源异质性战略、资源竞争的事前和事后限制战略等。综上所述,基于资源的理论核心逻辑认为：企业作为一个资源束具有其独特性，由于每家企业所掌握资源的不同，这决定了企业异质性的竞争优势，而只有满足 VRIN 框架中所有条件的资源才能称之为战略性资源，它们是企业建立竞争优势的关键。此外，建立适当的隔离机制以及根据企业所拥有的资源特性，有针对性地选择战略也是将竞争优势延续和扩大的重要影响因素。

尽管传统上基于资源的理论（Resource-Based View，RBV）发展对企业战略领域的研究起到了很大的推动作用，但是用该理论来解释企业如何获取竞争优势以提升绩效方面仍存在不足之处。首先，RBV 理论视角仅从企业内部资源的角度出发来解释其如何获取竞争优势，但那些缺乏内部资源的企业或组织（例如新创企业）是如何摆脱这种劣势建立竞争优势的，却无从解释；其次，RBV 理论视角提出了企业建立竞争优势所需要的资源应具备怎样的特性，但对于这些资源转化为竞争优势的过程和机理却缺乏更为详尽的阐述（Kraaijenbrink 等人，2010）。对于大多数企业来说，获取资源可能各有其法，但是如何将已经获得的战略性资源有效转化为企业独特的竞争优势却并不清楚。随着学术界对企业资源向竞争优势转化过程和机理的不断深化研究，基于能力的视角开始浮出水面。

2.1.3.2 企业能力的定义和内涵

基于能力视角主要观点，是企业资源仅仅是有提升企业竞争优势的潜力而非决定其形成的关键因素，企业只有有效利用和配置已有资源并将其潜力转化和发挥出来才能真正提高竞争力和绩效（Ketchen 等人，2007）。故此，阿米特（Amit）和休梅克（Schoemaker，1993），马宗达（Majumdar，1998）将企业能力定义为企业配置资源以完成某种目标的中间过程，企业资源在这里被看作输入的原材料，包括有形资产（设备、房屋、资金、人员、合作伙伴等）和无形资产（企业文化、知识产权、企业形象等）。达伊（Day，1994）指出企业能力是嵌在企业管理流程背后的一系列知识和技能的集合，而赫尔法特（Helfat）和彼得罗夫（Peteraf，2003）则将企业能力的概念定义为企业执行或协调一系列组织行动而达成某个特定目标的能力，而这个协调和执行相关活动的过程中一定伴随着对于资源的调用和配置。此外，还有一个流派的学者倾向于将企业能力定义为运用资源以达到具体目的的效率（Dutta 等人，2003）。一个拥有优秀能力的企业一定在整合资源、执行任务、协调关系的整个过程中拥有很高的效率。综上所述，企业能力具备以下两个特征：一是嵌入性，有别于企业资源，能力通常不能转移到另外一家企业，例如企业解散时其能力也就完全消失了；二是企业获取或提升能力的目的往往是为了能够提升资源生产率。

根据以上文献梳理,我们对企业能力的定义有了较为清晰的认知,但不可否认这个概念的复杂性和抽象性。马哈默德等(Mahmood,2011)基于效率的观点,深化了杜塔(Dutta)对于企业能力的定义:企业能力反映的是企业配置各类资源以达到预设目标的效率高低,这个资源配置的过程即为企业能力提升的过程。过程输入端的资源包含了有形和无形资产,而过程的输出端则是企业的阶段性或周期性目标,比如技术能力的提升,客户关系的优化,政企关系的建立等。这个输入到输出的过程作为企业能力提升的过程,对应到企业的不同职能部门,就能够被细化分解为(人力资源管理能力、信息系统能力、资本运作能力、技术能力和营销能力)(Krasnikov 和 Jayachandran,2008)等。

2.1.3.3　技术能力和营销能力

技术能力和营销能力是企业在市场经济环境中获取竞争优势所必备的两大核心驱动力(Drucker,1974)。企业技术能力指的是企业发展先进技术并运用其进行新产品开发的能力(Krasnikov 和 Jayachandran,2008;Zhou 和 Wu,2010)。企业营销能力指的是企业鉴别、开发客户需求并与目标客户保持联系的一种能力(Day,1994);这两种能力对于企业来说都是异质性的资源,并能够提供竞争优势(Barney,1991;Peteraf,1993;Wernerfelt,1984)。

技术能力内嵌于企业日常事务中,是反映企业吸收能力的重要指标(Prahalad,C. K.,和 Hamel,G.,1994),在企业创新活动中扮演着极为重要的角色。通过实证研究,科恩(Cohen)和利文索尔(Levinthal,1990)认为技术能力能够提升组织学习能力并促进产品创新,摩尔曼(Moorman)和斯洛特格拉夫(Slotegraaf,1999)则发现技术能力不但能提升企业研发新产品的创造力,还能加速产品研发的速度。周和吴(2010)探讨了技术能力与资源开发式创新(exploitation)及资源探索式创新(exploration)之间的关系。

一家企业的技术能力能通过其过往经验的不断积累和发展而不断提升,它反映了企业配置各种技术资源的能力(Afuah,2002)。利文索尔和马奇(March,1993),本纳(Benner)和塔什曼(Tushman,2003)研究认为企业在特定领域拥有优秀能力通常更愿意搜寻本地及附近的信息,并引用其现有知识储备以获取即时性的竞争优势和渐进式创新。罗瑟米尔(Rothaermel)和迪兹(Deeds,2004)通过研究证实,拥有强大技术能力的创业企业倾向参与开发式创新联盟以获取互补性资源(如加工和市场资源)来加速其新产品的商业化。与之相对应,阿富埃(Afuah,

2002)提出当企业建立其技术能力的同时,往往在研发(R&D)领域投入可观资源(包括新产品开发、知识存储以及专业技术人员的训练),这种在技术知识上的积累增加了企业在产品创新过程中评估和使用新技术的能力(Zahra 和 George,2002)。借此,企业能够迅速识别新技术趋势,对新兴设计和理念即刻展开实验,乃至超越现有技术边界进行产品创新(Rosenkopf 和 Nerkar,2001)。因此我们认为,技术能力的积累与探索式创新的过程是一致的。

营销能力包含一系列的流程,包括从理解客户需求、精准定位到新产品推广等各个方面的能力(Krasnikov 和 Jayachandran,2008;Moorman 和 Slotegraaf,1999;Song 等人,2005)。当资源供给问题得到解决后,企业应通过比竞争者更有效地资源配置方式充分满足需求端的要求(Porter,1995)。对于客户而言,市场上大量的选择帮助其积累充分的消费经验并形成独特的品味和需求,因此构成了变化多端的细分市场。相对应地,企业应快速应对市场变化,将重心放在鉴别、细分客户的不同需求并开发新兴市场机会(Day,1994;Song 等人,2005)。正是因为重视理解客户需求,拥有较强市场能力的企业能够更快地满足细分市场的需要,更为迅速地改变和提升产品吸引更多顾客的注意,相较于竞争者也更为有效地传递和推广产品信息(Murray 等人,2011;Zhou 和 Li,2012)。基于市场的能力为企业提供了如何使得产品更能贴近顾客或市场需求和期望的信息,从而能有有效提升创新效率和新产品的推广度(Kim, N., Im, S.和 Slater, S. F.,2013)。我们可以清楚地看到,产业界因忽视客户需求的搜集和获取,仅仅依靠企业内部资源埋头苦干而导致创新失败或收效甚微的案例比比皆是。手机巨人诺基亚破产的一个重要原因就是缺乏对当时手机市场和操作系统的充分考察和认知,盲目投入大量资金研发 Meego 操作系统。与之相反,苹果公司正是凭借对消费者需求和市场环境的精准把握以整合创新模式后来居上,全面占领高端手机市场。

2.2 企业创新的相关文献评述

创新(innovation)的概念首次被提出是在 Schumpeter 的著作 *Theory of Economic Development* 当中,在这里创新被解释为创造一种新的生产要素和条件的组合并引入生产体系中以获取收益(Schumpeter,1912)。由于企业创新总是伴随着技术进步,因此学术界系统性地对以往各种类别的企业创新进行分析总结,提出了企业创新过程模型从第一代到第五代演进的过程。技术推动线性模型是第一代模型,此模型认为技术研发是推动创新最为关键的要素;第二代模型为市场拉动线性模型,此时学术界关注到了市场的需求才是真正能够主要激发创新和创意的因素;当模型演进到 1970—1980 第三代的技术推动和市场拉动耦合模型时,学术界开始意识到单独技术或是市场都不足以支撑创新的全部,而两者之间的有机耦合才是促进创新的源动力。到了 20 世纪 90 年代初期,由于技术进步以及需求多样化的趋势到来,新产品的生命周期越来越短,传统的创新模型已经无法跟上节奏,故此出现了企业内部跨职能集成/并行的第四代创新模型。20 世纪 90 年代中期,社会网络理论的发展推动了创新模型向第五代的系统整合及网络化创新转变,创新被看作一种网络化活动,在这个过程中企业应专注在由供应商、分销商、竞争者、客户乃至政府部门等各个要素所构成的庞大系统中进行资源整合(Rothwell,1992;Hobday,2005)和创新能力的打造。

纵观企业创新过程模型的演变,我们不难看出这是一个由企业依靠内部资源进行创新,逐步转向依靠外部网络资源和信息进行创新的过程。在现有的开放式创新背景下,企业创新由过去封闭过程变成了在相互依赖的共生网络中与不同要素进行知识交流和交换的过程(贾生华等,2006),Chesbrough(2003)提出的"开放式创新模式"开始在学术领域占据上风。由于开放式创新的思想将企业创新看作是对内外部组织和资源有效联结和整合的非线性过程(陈劲等,2008),究竟哪些前因变量影响企业获取和整合外部资源便成为企业创新研究的重点。由于网络化模型的不断发展,包括企业所处外在环境(技术、市场和政策环境)、企业社会资本、企业外部联盟等重要的外部影响要素逐步被纳入研究(Hagedoorn 和 Duysters,2002;Fan,2006;Chen,2008;),其中社会资本的概念成为企业创新领域的研究热点(Subramaniam 和 Youndt,2005)。Landry 等(2002)的研究认为,在现有环境下创新并非单个企业孤军奋战,而是不同的行为主体在社会网络中的交互过程,企业创新不仅是对自身内部资源的高效运用,更重要的是如何在外部组织中获取信息进行资源整合。如在制造业领域,莫勒等(Maurer,2011)通过实证研究,对德国工程机械行业的 144 家公司共 218 个项目的数据进行分析,得出企业社会资本将通过知识转移正向影响企业成长和创新。于是,"企业社会责任行为"被正式引入企业创新资源的研究。

2.3 敌对性外部环境的评述

在企业战略的相关研究领域,外部环境是影响企业战略、组织架构及行为的重要因素,因此也是学术界重点关注的问题之一。济慈(Keats)和希特(Hitt,1998)将企业面临的外部环境分成了慷慨性环境、复杂性环境和动态性环境这三类。由于外部环境总是动态变化且有很多不可预知的异质性因素相互影响,复杂性和动态性是企业所面临外部环境所的常态。因此,学术界后续又发展出了慷慨性外部环境的对立概念——敌对性外部环境(Atuahene-Gima,1995),这种不利于企业生存发展、资源获取的外部环境在新兴市场的国家中极为普遍(Tang 和 Hull,2012)。对于企业发展而言,敌对性的外部环境主要来源于市场环境和制度体系这两个方面。诚然,低效率的制度体系将严重影响一个国家的市场发展水平和企业运营状况(Zhou 等人,2014),新兴经济体国家在现有阶段也确实存在法制制度不够完善导致经济交易过程受到阻碍的现象(Sheng 等人,2011)。但我们认为随着中国 2001 年加入 WTO 且经济发展水平不断提升,目前早已度过了新兴经济体国家法制体系不完善、运营效率低下的初始阶段。因此在本研究中,我们将重点关注敌对性外部环境中的市场环境将如何影响企业战略和行为,主要包含了环境不确定性和市场的竞争强度这两方面。

2.3.1 市场不确定性的相关文献评述

在企业战略的研究范畴内,市场不确定性主要是指市场环境程度的不确定性、不稳定和缺乏控制(Jaworski 和 Kohli,1993)。Miller 和 Friesen(1982)将环境不确定性分为动荡性、异质性和敌对性三个层面来衡量,动态性是环境的外部变化程度,异质性是指的竞争强度,敌对性则是指市场上价格、产品、人力、物料与政府干预等对公司的威胁程度。不确定环境使得企业难以预测其他经济行为者的活动,包括消费者需求的变化程度、竞争者的活动、供应商更换合作伙伴等,因此市场环境不确定性增加了企业获取信息和资源的困难程度(Pfeffer 和 Salancik,2003;Karna,Richter 和 Riesenkampff,2016)。企业活动受环境因素的影响是客观存在的,市场环境不确定在现阶段的中国制造业领域是一个重要且常态化的影响因素,由于其会导致竞争优势难以持续(Sirmon,Hitt 和 Ireland,2007),企业必须对环境不确定采取针对性创新战略才能识别外部环境中的新机会(Leskovar 和 Bastic,2007)。Teece,Pisano 和 Shuen(1997)提出能力构建是企业应对环境不确定所采取的方式。Krasnikov 和 Jayachandran(2008)指出,环境不确定与企业能力共同对组织活动产生影响。因此,了解环境的变化对于组织制订战略有很大的益处。不确定性的强弱程度反映在管理者知悉环境时有无足够的信息去做决策,有无办法预测其变化的复杂、模糊与动荡程度。环境不确定性与企业动态能力本质上也存在相关联(简兆权,王晨 和 陈键宏,2015),动态能力即企业对于外部市场环境不确定性、复杂性和包容性的一种配对机制(Teece,1998)。因此,环境不确定性既有可能对企业发展产生不利影响,也有可能因为迫使企业建立动态能力从事创新性生产活动而给企业带来新的发展契机。

2.3.2 竞争强度的相关文献评述

竞争强度主要指的是企业在市场或行业中面临竞争的激烈程度,这种竞争的激烈程度将影响到企业的资源获取、战略选择和行动实施的难易程度(Kohli 和 Jaworski,1990)。通常,在竞争强度很大的市场或行业中,企业会通过各种常规或恶意的手段来对竞争对手进行打压,如价格战、广告战等,处于这种环境下的企业需要随时根据市场状况或是竞争对手的行为,来对自身发展战略或经营策略进行调整。因此,通常我们看到竞争强度较大的市场或行业中,各个企业所拥有的资源禀赋相差不大,往往不存在寡头垄断的情况因而更接近于完全竞争市场。根据Porter(1979)提出的企业竞争的钻石模型,企业主要受到来自潜在竞争者、现存竞争者、供应商、客户和替代品的影响,而这些来自需求端和供给端的要素最终影响企业面临的竞争状况(Voss 和 Voss,2000)。Theodosiou(2012)的研究发现当面临激烈竞争的市场环境时,企业更倾向于聆听市场的需求,建立符合市场发展趋势的技术和营销能力。

2.4 本章小结

基于对现有研究的总结、分析,从中发现不足之处,结合实践中亟待解决的企业社会责任战略与企业创新等管理问题,作者建立起总体研究框架,如图 2 - 2 所示。

首先,在研究问题方面,本书聚焦于企业社会责任行为如何影响企业创新,现有文献对于企业社会责任行为如何为企业创造商业利益进行了大量的探索,结合阿吉尼斯和格拉瓦斯(2012)的综述研究看,学术界从制度层面、组织层面和个人层面对企业履行社会责任的动因和结果展开深入分析,然而作为持续创造企业商业价值的关键要素,针对创新能力与企业社会责任行为之间关系的研究却始终处于模糊地带,尽管博尼尼等(Bonini,2009)通过定性研究提出企业履行社会责任可能对企业创新产生影响,而罗和杜(2015)基于资源基础观的视角对企业社会责任和技术创新之间关系进行了实证,但学术界对两者间影响的内在机理缺乏更清晰的解释和更深层次的探索。因此,对企业社会责任行为与企业创新关系的研究是对企业社会责任理论的补充和延伸,对于深刻理解企业社会责任的内涵和企业履行社会责任的动因也更具指导意义。

其次,在理论基础和模型构建方面,本书基于社会资本理论和能力视角来解释企业履行社会责任的行为影响企业创新的内在逻辑机理,为研究模型建立了较为严谨的理论支撑,同时也弥补了以往研究中理论分析和应用不够清晰的薄弱环节。此外,本研究将身处新兴经济体产业转型与变革期的企业所处的外部环境(市场不确定性和行业竞争强度)作为情境因素,分析其对于企业履行社会责任行为获取社会资本的影响机制,从而使得学术界对企业履行社会责任的认识更加深入和全面,也使得研究模型更具实践指导意义。

最后,在研究情境和方法方面,本书立足中国这个最具代表性的新兴经济体,通过在社会责任问题较为普遍的制造业行业展开问卷调研来收集一手数据,并对数据进行实证分析,从而弥补了学术界以往对新兴经济体中制造业企业履行社会责任行为影响企业创新相关实证研究的薄弱之处,在中国经济转型的大环境下,制造业企业应该在经营管理过程中将企业社会责任置于怎样的战略地位?履行企业社会责任的过程对于制造业企业转型升级能够产生怎样的作用和影响?针对不同的利益相关者应采取怎样的战略来更加有效地提升企业创新能力和绩效?这些问题的研究都将为中国以及其他新兴经济体中企业的社会责任管理提供新的思路和方向。

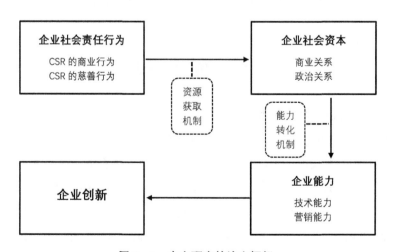

图 2-2　本文研究的论文框架

3. 探索性案例研究

　　企业社会责任是综合考虑企业利益相关者期望以及经济、社会和环境的三重底线进而开展的一种特定情境下的组织行为和策略(Aguinis，2011)。企业履行社会责任不仅是对于其公民身份尽职的表现，同时也能达到诸多工具性和战略性目的(Luo 和 Bhattacharya，2006)。通过前述文献的整理，我们不难发现针对企业履行社会责任对提升企业绩效的研究已经在不同维度有了大量的积累，然而对于企业社会责任和企业创新这两个变量之间的研究却是学术界较少关注到的领域。事实上，在当前及未来复杂多变的新形势和大背景下，创新作为现代企业持续获取和保持竞争优势的关键因素，企业主动履行社会责任作为一种新型的战略选择，厘清这两者之间的关系并探究企业社会责任战略的选择和执行将如何影响企业创新的内在机制对于学术界和企业界都是非常重要的命题。

　　本章内容首先将通过回顾社会资本理论和企业能力视角为研究模型的建立提供相应的理论预设，随后通过现场访谈和调研进行探索性案例分析和对比，将企业管理实践中的现实依据将与理论依据相互融合，以支持我们总结并提出相关研究命题。

3.1　案例研究方法

3.1.1　案例研究方法概述

　　案例研究方法与实证研究方法相对应，前者侧重于通过对目标企业的实际运营现状进行讨论(Eisenhardt，1989)，而后者通常是基于企业运营分析得出数据性结论。案例研究方法对于构建新理论有非常重要的作用(Siggelkow，2007)，因为它可以让我们在不了解研究现象和背景的情况下，激发对事物或现象的崭新认知或思考，跳出既有理论的范畴重新认识企业面临的现象或问题(Eisenhardt，1989)。案例研究的分类通常被分为描述型、解释型和探索型三种(Yin，1981)。描述型案例研究更多基于成熟理论对已经有初步认知的现象或研究问题进行更为详尽的补充描述；解释型案例研究侧重于对现象间的相关或因果关系进行解释；探索型案例研究难度较大，通常基从新角度切入企业运营中出现的非常见性问题或现象先提出预设，再运用新的方法、甚至提出新的理论去评价或者解释。案例研究根据其所选择案例数量分为单案和多案例研究两种，单案例研究作为"一阶抽象"，通常其收敛性会受到质疑，而多案例研究作为重复"准实验"更容易确保得出较高的普适性的研究结论，从而更加有利于导向定量分析（Johnston，Leach 和 Liu，1999）。此外，多案例研究在理解的多样性上有明显优势，更容易形成令人信服的理论模型（Eisenhardt，1989；Yin，2004）。

本研究的目的是探讨企业履行社会责任的行为对企业创新的影响，在已有文献和理论梳理的基础上，本章将通过探索性案例研究，对各研究变量间有可能存在的关系进行初步探索，为后续实证研究提供现实依据。

3.1.2 案例研究的理论预设与构建

尹（2003）认为任何案例研究的步骤都应从理论命题的构建出发，这样能够让案例的研究计划更加完整，增加与现实主题的相关性以提升案例研究的效率。同时，理论预设与构建将使得整个案例研究更具信服力，相关资料的分析也将更加深入和更具针对性。

3.1.2.1 社会资本理论与企业社会责任行为的关系

企业的竞争优势不仅仅取决于其内部拥有的能力和资源，还要同时考量其与外部组织和环境间存在的相互渗透关系。企业社会资本理论认为企业间的关系网络是为其生存和发展提供互补性资源的主要来源，而企业通过针对不同利益相关者履行社会责任，在与各利益相关者交流互动中满足其对于企业的期望和需求，往往能够从利益相关者网络中获得有价值的、稀缺的、难以模仿和替代的信息与资源，而这种由于嵌入企业间关系网络而获取的资源就称之为企业社会资本（Bourdieu，Wacquant 1992；Adler，Kwon 2002）。从关系维度来看，企业社会资本所包含的商业关系和政治关系是最为重要的两个层面。商业关系是指企业和内部员工、客户、供应商、采购商等主体之间的关系，而政治关系主要是指企业与各级政府部门及官员之间的关系（Peng，Luo，2000；Sheng，Zhou，Li，2011；Zhou，Li，Sheng，Shao，2015），而上述两种社会资本，即嵌入在企业社会网络中的战略资源都是企业获取竞争优势极为重要的来源。因此，本研究基于社会资本理论，探究企业针对不同种类的利益相关者履行社会责任的行为将如何帮助其获取商业关系和政治关系。

3.1.2.2 企业社会资本与企业能力的关系

正如 Grant(1996)的观点,通过整合外部网络中的资源和知识,企业的内部能力能够得到显著提升。企业通过履行社会责任行为而获取的战略性社会资本(商业关系和政治关系),这种关系将为企业带来无形和有形的资源。然而基于能力的视角核心观点认为,企业资源仅仅是有提升企业竞争优势的潜力而非决定其形成的关键因素。Mahmood 等(2011)基于效率的观点认为企业能力反映了企业配置各类资源以达到预设目标的效率高低,企业必须有效利用和配置其拥有的资源并将其潜力转化和发挥出来,才能真正提升企业竞争能力和绩效(Ketchen 等人,2007)。因此,本研究将基于能力的视角,探究企业社会资本转化为企业能力并提升企业创新的内在机理。

3.1.2.3 企业履行社会责任行为对企业创新的影响

创新是企业成长并获得持续性竞争优势的关键因素(Schepers 等人,1999),然而企业创新也需要投入大量的实物和虚拟资源,当这种需求超出企业既有的内部能力时,如何从企业外部社会网络中获取资源对企业创新起到至关重要的作用。尽管每个企业对资源的需求不尽相同,但是基于外部网络中获取资源势必涉及网络中不同的利益相关者,而根据工具性利益相关者的视角,企业通过针对不同利益相关者履行社会责任,在于各利益相关者交流互动中满足其对于企业的期望和需求,往往能够从利益相关者网络中获取有价值的、稀缺的、难以模仿和替代的信息和资源。然而实证研究表明,资源的静态性成为阻碍其直接提升企业的竞争优势的最大缺陷,在企业获取资源后必须经历一个将其合理配置和利用的过程,继而转化为企业能力并最终提升企业竞争优势。故此,企业如何通过履行社会责任来获取社会资本并将其转化为企业能力为企业成长发展所用,成为影响企业创新的关键因素。

本研究将结合企业社会责任理论、社会资本理论和基于能力的视角,从资源的获取和资源的转化两个重要环节讨论企业社会责任行为、企业社会资本、企业能力(技术能力和营销能力)对企业创新的构建和影响机制。

3.1.3 案例选择

针对经济新常态下制造业企业创新能力和绩效提升机制的复杂性,我们选择多案例方法构建企业通过履行社会责任行为来影响企业创新的初始研究命题。选择多案例研究方法的主要原因是:①多案例研究方法相较于单案例研究方法更适合探索过程和激励类的问题(Eisenhardt，1989)，而本章所研究的问题针对企业通过履行企业社会责任行为获取社会资本并转化为企业能力以提升其创新能力和绩效，在这个过程中涉及资源获取和转化这两种机制的协同，因此更加适合多案例研究方法。②多案例研究方法能够通过反复验证增强研究的有效性，并获得更加严谨和普适性的理论命题。本研究将通过多案例研究来构建企业通过履行社会责任行为获取社会资本并转化为企业能力以提升企业创新的理论框架，并以此作为后续大量制造业企业样本数据实证研究的基础。

在案例选择时，首先要通过理论抽样的方法尽量避免外生变异(Eisenhardt，1989)，其次还要考虑成本控制和样本信息获取的有效性，同时还要兼顾样本数据的可获得性和样本企业的代表性。因此鉴于客观条件的制约，我们最终选择了三家制造业企业作为案例研究对象。本研究案例样本选择主要参照以下标准：①样本企业在行业内具有较高的知名度或影响力；②样本企业一手资料和二手数据的可获得性及真实性较为可靠；③样本企业的规模较大且存活时间较长(国家市场监督管理总局报告指出我国超过 6 成企业寿命不足 5 年)，我们选择至少存活 5 年以上的企业；④所在行业或产品对产品和技术创新的依赖程度较高；⑤具有深入调研的便利条件。

我们选择的三家企业中，正面案例的两家企业发展都已超过国内制造业企业的平均寿命期，WF 和 ZT 至今均已成立 20 年左右，反例企业 SL 也超过 13 年。两家正面案例企业在各自细分行业内都是国内领军水平且在全球范围内有一定影响力，在各自领域内主持或牵头国家重点技术攻关项目，同时注重自主创新能力的培养和提升。两家正面案例企业中高层管理人员均在本论文作者所在学校修读 MBA 或 EMBA 学位课程，为收集一手资料提供了便利性和可靠性。

3.1.4　资料及数据收集

案例研究要确保信度和效度，在案例资料和数据搜集过程中，我们遵循 Eisenhardt (1989)的建议采用多渠道和数据源获取资料，结合二手资料、现场访谈和调研问卷形式进行三角验证以提升案例研究结论的准确性。

在第一阶段，我们通过报纸杂志、网络渠道和第三方机构的研究报告等搜集样本企业的二手资料，对被调研企业进行更加全面细致的了解，以提升实际调研过程中的沟通效率和针对性。

第二阶段，基于已有资料的分析，我们通过大量文献阅读并结合多家上市公司发布的企业社会责任报告内容，在明确访谈内容的基础上设计访谈提纲初稿并邀请数位企业社会责任领域的专家学者阅读并提出修改意见,以避免访谈提纲存在的导向性问题。在正式开展企业实地访谈前,我们还邀请两位制造类企业的MBA在职学生回答访谈提纲里的问题,将时间控制在30—40分钟,并记录下可能存在受访者无法理解的语句,以便在正式访谈时更好地向受访者解释和提示。同时,为保证被访者熟悉访谈涉及的主要内容,能够客观而准确地提供我们需要的有效信息,案例研究过程中全部访谈所选择的被访人员均为对该企业履行企业社会责任行为、企业商业关系、政治关系以及企业创新的情况有全局性了解的中高层管理人员。表3-1为最终的访谈提纲。

表3-1 访谈提纲

问题分类	具体问题
企业对社会责任行为的履行	1.从您入职至今,了解到贵公司在履行社会责任方面都做了哪些努力? 2.上述行动在股东权益、员工待遇、供应商合作、渠道商发展、环境保护、社会贡献、政府诉求等方面都有哪些具体的体现?请您举出印象最深刻的实例进行说明。 3.贵公司的战略和文化中是否融入了企业社会责任的思想?
企业社会资本的获取	4.贵公司与投资人和广大中小股东的投资者关系如何?通常他们在公司重大决议和投票时采取怎样的态度? 5.贵公司与客户、消费者之间的关系如何?对于客户提出的需求是否能够进行及时反馈和应对? 6.贵公司与主要供应商之间的关系如何?双方在日常交易过程外是否有基于产品层面更深层次的沟通? 7.贵公司对渠道商培养和销售渠道建立的情况如何? 8.贵公司或公司高层管理人员与行业主管部门或其他政府、公共部门的关系如何?能否获得更多的支持和资源?
企业能力的转化	9.贵公司在行业内处于怎样的市场地位? 10.贵公司的技术能力在业内处于怎样的水平?通常都有哪些渠道获取重要的技术信息(人才、设备、产业政策等)? 11.相较于业内竞争者,贵公司如何在当前迅速变化的新技术趋势下保持市场领先或消费者满意的新产品开发能力? 12.相较于业内竞争者,贵公司如何开发、管理和维持与客户之间更加稳定的关系? 13.贵公司开发出的新产品在投入市场初期接受度如何?通常采取哪些措施打开市场?

（续表）

问题分类	具体问题
企业创新状况	14.在近几年中,贵公司对于新产品研发创新的资源投入力度如何? 15.相较于业内竞争者,贵公司近几年来产品创新的成功率如何? 获得的行业技术标准及专利数量如何? 16.相较于业内竞争者,贵公司对市场投放新产品的速度和频率是怎样的,是否取得较好的市场拓展效果? 17.对于已投放市场的产品,贵公司是否积极吸收市场和客户的意见进行革新升级? 市场反馈如何?

第三阶段,在访谈结束后,我们对访谈信息进行补充完善,确保资料的有效性。针对需要补充或进一步确认的信息,则通过邮件、电话等方式与被调查者进行确认。最后,在深度访谈、二手数据和蹲点观察之间进行三角验证,进一步提升研究效度(徐晓萍等,2008)。

表3-2 案例资料搜集方法

企业	媒体资料	内部二手资料	蹲点观察	深度访谈	
				被访问者	时间
万丰奥特控股集团(下简称万丰集团)	企业网站、媒体报道、行业报告、第三方报告	集团内刊、企业年报、财报及内部评估报告	列席企业中高层管理人员季度总结会	副总经理、技术总监、子品牌营销总监共计6次	2016年4-9月
浙江正泰集团股份有限公司(下简称正泰集团)	企业网站、媒体报道、行业报告、第三方报告	集团内刊、企业年报、财报及内部评估报告	列席企业中高层半年度总结会议	总经理、营销总监、重大项目技术负责人	2016年6-12月
石家庄三鹿集团股份有限公司	媒体报道、行业报告、第三方报告	—	—	奶业同行、部分前供应商、消费者、地方政府监管部门负责人	2016年9月-2017年4月

3.1.5　资料及数据分析

我们首先根据搜集到的资料和数据进行单案例分析,分别对企业社会责任行动、企业政治资本、企业商业资本、技术能力、营销能力和企业创新的情况进行描述,与此同时将其与相关领域的文献进行对比分析来寻找共性的部分,以期发现理论涌现(Eisenhardt,1989)。在完成单个案例的初步分析之后,我们开展跨案例的比对分析。首先根据预设理论将数据和资料进行编码并归类于商业性企业社会责任行为、慈善性企业社会责任行为、政治资本、商业资本、技术能力、营销能力和企业创新等主要变量,分别从"差"到"好"的不同程度进行评价,依次为"差—较差——般—较好—好"五个等级。跨案例研究主要针对三个案例间主要变量的相互联系进行规律性总结,并最终经过归纳和抽象得出初步的假设和较为准确的结论(Eisenhardt,1989)。

3.2　万丰奥特控股集团单案例分析

3.2.1　集团概况

万丰奥特控股集团(以下简称万丰集团)成立于 1997 年,是中国最早开展铝轮毂生产制造的企业。该企业以专业生产研发汽车铝合金车轮起步,目前在全球范围内已实现铝轮、环保涂覆、镁合金材料三项行业领跑。目前公司拥有员工 9243 人,其中研发人员 1050 人,占比 11.36%。万丰集团公司现阶段在中国的山东、浙江、吉林、广东和重庆等地共拥有 7 家生产基地,同时还注重海外市场的布局,目前已在英国、美国、墨西哥、加拿大以及印度五个国家建立海外分公司,已经具备年生产 5000 万件铝轮的巨大产能。同时,万丰还针对其系列产品建立了完整的研发、制造和营销全套服务体系,且获得了产品的自营进出口权。万丰旗下的"ZCW"系列产品作为行业内知名品牌远销海外,包括日本、美国、德国、俄罗斯、法国、巴西及韩国等在内超过 30 个国家及地区,与奔驰、宝马、路虎、福特、通用、大众、现代等世界著名车企建立了长期稳定的供应链体系,作为这些企业的优秀配套商且产品品质得到一致肯定。我们整理集团旗下上市公司浙江万丰奥威汽轮股份有限公司成长数据如图 3-1 所示。

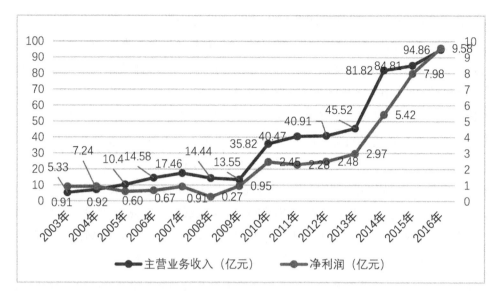

图 3-1 浙江万丰奥威汽轮股份有限公司历年经营状况

数据来源：上市公司年报。

3.2.2 万丰集团企业社会责任行为对企业创新的影响

3.2.2.1 企业履行社会责任行为与企业社会资本

企业社会责任的商业行为主要指企业核心商业运作和市场交换过程中所涉及到的利益相关者，比如股东、债权人、企业员工、客户以及产业链上下游企业等。万丰集团从一家小型乡镇民营企业历经二十多年的发展成为一家在全球行业内颇具影响力的上市公司，对于其债权人、股东以及各类战略投资者相关的社会责任履行自是不言而喻。在下文中我们将选取调研和访谈过程中比较有代表性的具体事件来剖析万丰集团对员工、客户、供应商等其他利益相关者履行社会责任行动为企业发展带来怎样的有效资源并如何持续转化为企业竞争力。

第一个实例是关于万丰坚持产品质量，履行对客户的社会责任如何帮助其获取社会资本。1995 年春节前夕，万丰还只是浙江省绍兴市新昌县一个刚刚在摩托车铝轮制品行业崭露头角的新型企业，而由于中国摩托车需求市场的集中爆发，万丰刚刚投产的摩托车铝轮生产线生产出的新产品就出现了供不应求的场面。春节加班也要完成任务是公司给生产一线下达的死命令，然而由于生产任务过于繁重，加上春节期间查验工作不到位，大批量的铝轮产品仅达到了行业标准却未达到万丰自己设定的出厂标准。面对这一批价值 100 多万元加班加点赶工出来且市场急需的待发产品，公司高层管理团队做出一个惊人的决定——全部报废回炉重炼。这100多万的货值对于当时的万丰相当于近一个季度的营业收入，而仅仅因为没有达到自己的出厂标准就报废回炉，不仅面临向客户交单时间的巨大压力，而且相当于第一季度公司所有业务利润都要对冲预提损失。但是这种对于产品品质的坚持让万丰从一开始就摆脱了初创企业在"追逐利润"和"满足市场需求和客户标准"这两个看似相互矛盾的目标之间的摇摆，坚定地走上一条可持续发展的道路。

也正是由于万丰坚持履行对市场及客户的企业社会责任，万丰系列产品逐步在行业内赢得了高质量的好口碑，同时建立了良好的客户关系和品牌美誉度。1996年，处于高速扩张期的万丰集团刚在摩托车轮毂业务上站稳脚跟。根据公司高层在美国市场的调研和对中国未来市场的判断，万丰集团决定即刻进军汽车轮毂领域。然而，万丰给自己的汽车轮毂业务设立的国际先进标准要求其必须要系统性地搭建一个总体技术框架。这时万丰在摩托铝轮领域积累的知名度和企业信誉发挥了极为关键的作用，当时全国最大的合资汽车轮毂制造企业的副总工程师及其技术团队在收到邀请后，很快答应到万丰担任企业轮毂业务的总工程师，为万丰公司后续汽车轮毂制造技术体系化的建设和顺利推进打下坚实的基础。

第二个实例是万丰从员工切身利益出发获取商业关系促进企业制造工艺的创新。2006年，出于长期以来对重力轮毂铸造车间内操作员工所面临的艰苦高温作业环境的关注，万丰集团一名普通的技术人员在申请到公司一笔内部基金后便自行组织了一个技术小组，开始自行研发多年来一直被美国帝国设备公司垄断的低压铸造技术。到2008年，当人们再次走进万丰的重力铸造车间，发现传统的生产方式已发生了翻天覆地的变化。车间内6台重力铸造工业机器人24小时不间断工作，仅需3名员工轮流看管即可，而完成的工作量相当于原来的18名青年壮劳力，工作效率提升了500%。这种工业机器人不但大大改善了车间工作环境，提升了工作效率，减少了劳动力成本，而且这种浇铸工艺对铝液的数量和稳定性都能够精准控制，因此对提升铸造环节品质大有益处。后续的故事更为精彩，由于低压铸造机技术的市场应用远超汽车轮毂制造行业，能够降低中国铝制产品铸造行业整体的生产成本。但将该技术直接投放市场对万丰也有较大的弊端，那就是原本依托该技术能够在汽车轮毂铸造行业建立的竞争优势也将随之消失。经过公司管理层讨论，最终万丰决定牺牲自身短期的竞争优势而将这个自主研发的核心技术投放市场造福众多国产铝制品铸造企业，而当初的技术小组由于该产品的创新突破和良好的市场化效应，最终发展成为万丰集团旗下重要的产品创新和研发子公司——万丰科技开发有限公司。

这种为员工创造良好工作环境以及鼓励员工在企业内部创新的企业文化和氛围,实质上也是对于企业社会责任的一种履行,而这种企业社会责任行为使企业获取社会资本的结果也显而易见。时至今日,国内同行都非常清楚万丰在轮毂低压铸造机技术方面做出的牺牲和贡献,这为万丰集团吸引更加优秀的员工,获取更加优质的社会资本创造了良好的条件。

3.2.2.2　企业社会资本与企业能力

第一个实例是关于万丰如何将其拥有的政治关系转化为企业技术能力。2001年,当时的万丰集团正进行战略性业务拓展,在完成对山东某中外合资轮毂企业的收购后重组设立了威海万丰子公司,在开业仪式上邀请了行业和政府部门相关领导。而时任威海市政府科技顾问的前国家科技管理部门某领导在会上出于对万丰业务发展和产业带动能力的认可,主动推荐万丰参与科技部高新司正在招标的863重大专项"高强高韧镁合金材料研制及其在车轮上的应用"。也正是借由此机会,万丰与上海交通大学、吉林大学、北京有色金属研究总院等一批对镁合金材料及工艺有深入研究但缺乏产业化能力的研究院所共同研发镁合金新材料,并将其运用于规模化生产,在完成对优势资源整合和科研成果转化的同时,也让万丰踏上了镁合金轮毂的全球领先创新之路。

第二个实例是关于万丰如何将其拥有的商业关系转化为企业技术能力。经过在企业轮毂行业8年的研发和市场开发,尤其是2004年其镁合金轮毂产品在专业级赛车市场上受到广泛好评之后,万丰汽车轮毂业务的全球化市场布局逐渐引起了欧美顶级整车厂的注目。2007年,万丰市场团队前往宝马公司慕尼黑总部宣讲,两个多月后宝马现场工程师前往浙江的万丰工厂进行调研,并基于其一款年度车型的新型轮毂合作开发提出了极为严谨和苛刻的改进报告,万丰技术人员一丝不苟的学习态度、精湛的技术研发能力,以及对于零配件品质精益求精的企业价值观最终获得了德国人的认可。双方后续合作迅速展开,宝马公司甚至向万丰派出大量驻厂工程师,帮助其提升精细设计能力以满足顶级整车厂特有的复杂轮毂生产要求。不可否认,万丰这种对客户、供应商需求超预期满足的供应链管理方式是支撑企业提升行业知名度、国际市场影响力和产品创新的不竭动力。

3.2.2.3　企业能力与企业创新

上述例子表明,万丰通过履行企业社会责任获取了丰富的政商资源,继而将这些政商资源有效地转化为企业能力。通过进一步的深入访谈,我们发现,万丰在将政商资源转化为企业能力的基础上,进一步促进了企业的产品创新。目前,在万丰集团旗下的汽车轮毂产业和新材料镁合金产业都已经实现细分市场"规模、研发、市场、盈利、品牌"等全方位全球领跑,公司年产规模 4000 万套,已成为全球最大的汽车轮毂生产、制造及研发基地,与奔驰、宝马、路虎、大众、通用、福特、克莱斯勒、丰田、本田、尼桑、现代、哈雷、雅马哈等一线汽车、摩托车品牌形成密切的长期战略合作伙伴关系。而新能源混合动力产业、新工艺涂覆产业和智能工业机器人产业也都在全国细分行业领跑。在全球化战略下收购的卡达克、镁瑞丁、达克罗、派司林等世界级细分产业领域高科技公司,也都将逐步融入万丰整体实业板块体系,为企业创新提供不竭的源动力,也为集团未来在智能大交通领域的国际化战略推进铺平了道路。

3.3 浙江正泰集团股份有限公司单案例分析

3.3.1 集团概况

浙江正泰集团股份有限公司(以下简称正泰集团)于 1984 年在浙江温州创立,目前拥有员工 3 万余名,年销售额 500 亿元,已发展成为中国乃至全球工业电器领域的龙头企业,并在新能源领域崭露头角。目前公司业务已覆盖电力设备的"发、输、变、配、用"五大环节的全产业链,并且前瞻性地布局了城市轨交、能源装备、能源互联网、储能新材料、新创企业孵化园及产业投融资平台等诸多领域。集团旗下所属的正泰电器股份有限公司经过多年发展已成为中国低压电器领域产量及销量的双冠企业,同时也是上证 A 股市场上第一家主营业务为低压电器的大型上市公司。集团旗下从事太阳能业务的子公司,目前已在全世界建成超过 200 座光伏太阳能发电站,是全国范围内规模最大的民营光伏太阳能发电站运营商。我们整理集团旗下上市公司浙江正泰电器股份有限公司历年经营数据如图 3 - 2 所示。

3.3.2 正泰集团企业社会责任行为对企业创新的影响

3.3.2.1 企业社会责任行为与企业社会资本

正泰集团基于企业各利益相关者的期望与需求,从 2005 年开始就制定长期企业社会责任战略计划,且每五年就会对战略计划方针进行总结调整,具体包括以下几个方面:一是坚决维护股东权益,致力于创造良好的投资关系;二是坚持诚实守信的经营原则,立足于产业链上下游及供需双方的共享双赢;三是致力于让消费者和顾客满意并不断为他们创造新的价值;四是将员工权益保障时刻放在心中,为员

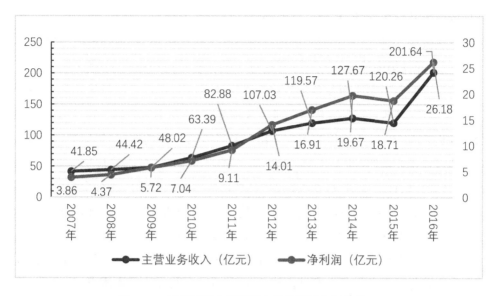

图 3-2　浙江正泰电器股份有限公司历年经营状况

数据来源：上市公司年报。

工个人发展提供广阔的舞台；五是遵守国家和地方节能减排标准，努力美化厂区工作环境；六是将企业发展与共建和谐社会紧密联系。

　　第一是针对上市公司股东的企业社会责任行动。正泰集团自 2009 年金融危机后将业务经营发展放在首位，营业收入企稳并进入上升轨道，净利润保持年均 15% 以上的同比增长。截至 2016 年底营业收入超过 200 亿元，归属母公司所有者净利润达到 21.85 亿元。与此同时，上市公司时刻将股东权益摆在公司发展的重要位置上，2012—2016 年五年间给股东的现金分红平均每年达到 10 亿元，占当年企业净利润的 50% 以上，让广大股东的投资获得持续稳定的回报。上市公司很重视与投资者的交流与沟通，从 2010 年就专门设立了负责投资者关系管理的部门来听取和解答广大投资者的意见和建议。此外，上市公司还通过上海证券交易所 e 互动平台、投资者说明会等各种多元化沟通方式，保持与中小股东的密切交流和互动，持续提升投资者管理水平。

　　第二是针对企业供应商及其他合作伙伴的社会责任行动。上市公司立足于互助共赢的原则，始终坚持共享发展。通过多年发展，企业管理者认识到努力打造与战略合作伙伴之间长期稳定、互惠共赢关系的重要性，双方定期积极交流互访、项目定点帮扶、联合创新发展等。2012 年以来上市公司已累计对超过 150 家供应商开展资质提升帮扶活动,其中包括帮助供应商重新调整组织结构、规划部门职能、编制作业流程,为供应方管理人员进行精益加工流程改善、质量管理能力提升、成本控制等,开设集中培训班和训练营超过 30 期,累计培训超过 1200 人次。同时,还针对先进的典型供应商及各类战略合作伙伴授以包括技术创新优秀奖、质量管理、安全生产、绩效卓越奖在内的各类荣誉和奖励,涉及供应商累计超过 200 家,奖励金额达 2600 万元。此外,集团探索出一套具有自身特色的"经销商渠道帮扶模式",通过每年 2 期的"新生代"渠道培训、每季度 1 期的"核心管理层专业技能培训"等开展驻点管理帮扶、移动培训课堂,对其核心经销商团队进行全方位的系统化培训,助推其经销商管理水平和市场、渠道拓展能力的进一步提升,带动经销商与企业共同发展,提升企业知名度和市场认可度,实现生产销售双赢局面。

第三是针对客户和消费者履行企业社会责任行动。正泰集团坚持精益求精,提升和完善每项服务和每个产品。从 1984 年成立之初作为资源匮乏、技术单一的小企业,正泰集团发展至今已在行业内逐步成为国内乃至全球范围内初具规模的技术领军企业。然而无论在企业发展的任何阶段,正泰集团始终将质量和工艺放在首位。2001 年中国加入 WTO 之后,面对海外和行业内市场客户对于质量要求的日益提高以及各级政府对市场监管力度的不断提升的挑战,正泰在公司内部以采购、设计、制造和客户使用这四个过程为基础,建立了独有的"对标评比、质量素质、可靠耐用性以及客户满意度"这四大提升工程,注册 QC 小组 300 个,每年评选质量信得过班组 30 名,建立完善可靠的产品品质预警和评价体系。

2000—2016 年正泰连续数年获得"全国用户满意企业"和"全国机械工业群众性质量管理活动优秀企业"等各类荣誉称号。此外,正泰集团在客户服务体系上也成立了专职的管理应急部门,为客户提供业务咨询、投诉建议、技术支持等"端到端"的一站式服务。2010 年起正泰开始建立覆盖全国各地区的客户服务体系,设立超过 50 个人数超千人规模的驻外技术服务中心。2012 年起在行业内首推"1 小时内首次客户响应,24 小时内现场问题解决"的售后服务标准承诺。2016 年 G20 峰会召开前夕,正泰集团还专门组织一支汇集生产运营、质量管控、技术服务、物流管理、客户服务和市场营销的综合客户服务小队,开展了一场历时 100 天跨越亚欧非三大洲市场的万里服务之行,进入港口、工厂、矿井等各种复杂的产品使用场景,为各国客户送去产品检测、技术支持、故障排查等全方位服务,为公司在全球客户及行业市场中实现"走出中国,走向世界"品牌目标迈出坚实的一步。

第四是针对企业雇员的社会责任行动。除了基础的薪酬福利保障体系、集体协商和民主管理的制度设计(含人事聘用、考勤休假、退休疗养、工资协商、女员工特殊权益保护专项合同等)之外,正泰集团还非常注重以员工自我提升的需求为基础打造能够逐步实现自身价值的管理培训体系,塑造能够提升和展示员工职业技能、素养和综合研发创新能力的平台。公司基于不同类型、层次的员工和管理人员设立不同的培训课程,包括对新入职应届大学生的"雏鹰训练营"是对其开展岗位技能实践培养,核心业务部门的"技术质量学院""信息化管理学院""工业工程学院"和"营销创新和管理学院"等系统性课程以提升其专业素养、技能基础和创新能力为目标,针对储备干部、管理层建立"飞鹰、蓝鹰、精鹰和雄鹰训练营"以及"领导力+专业技能"课程体系和岗位轮换、工作授权等方式,培养具有实践能力的复合型管理人才。公司还建立"管理通道+专业通道"六级十六等跨职业体系的双通道发展路径,有潜力的人才无论从事技术还是管理岗都能发挥其个人特长,选择符合自身特色的发展道路,实现个人价值和职业梦想。此外,正泰集团为进一步关爱和加强员工身心健康,于 2007 开始实施 EAP 工程,建立内部 EAP 咨询和服务团队,成立幸福心理工坊,开展咨询、知识分享和辅导培训的各类服务。

第五是针对政府部门的企业社会责任行动。首先是坚持始终依法经营纳税,2012 年起纳税总额超 10 亿元并随经营状况逐年提升,2016 年纳税总额超 14 亿元,成为乐清、温州乃至浙江地区的诚信纳税大户并受到相关部门多次表彰,企业信用等级在中国电器工业协会的评级中始终位列 A 级。其次是作为低压电器龙头企业,能积极响应国家部委、地方政府和各级行业主管部门的要求,在保持自身发展的基础上积极提升行业标准和发展进程。2013—2016 年期间参与制定包括国家低压电器标准委员会《低压开关设备和控制设备第 7-3 部分:辅助器件熔断器接线端子排的安全要求》、中国智能制造关键标准《交流接触器自动生产线》、浙江省《交流接触器》《塑料外壳式断路器》等各类国家和行业标准近 30 项。最后,正泰集团作为中国制造业民族品牌的代表企业,在 G20 期间积极承担起中国民营经济、浙江商业和城市发展的模范带头作用,参与拍摄 G20 宣传片《韵味杭州》、宣传书籍《站在世界舞台的浙商》,并将其旗下子公司作为 G20 官方参观点接待国内外政府官员和企业家代表团,公司董事长也参与会议讨论和各项活动并与各国政要、商界人士开展交流洽谈。

多年来,正泰集团通过上述不同利益相关者的需求,有针对性地履行企业社会责任,与企业经营发展联系紧密的各类利益相关者都建立了良好的商业关系。此外,正泰也积极响应政府部门在纳税、信用、技术标准的建立以及城市形象建设等方面的要求,建立了牢固而紧密的政治关系。

3.3.2.2　企业社会资本与企业能力

面对行业内技术升级和产业变革的大环境,正泰集团多年坚持履行社会责任积累丰富的企业社会资本,其中无论是政治关系还是商业关系都为 ZT 的技术能力不断提升提供了不竭动力。截至 2016 年,集团已累计实现授权专利 1692 件,同时每年还有大量的新增授权专利。通过不断努力,入选类似浙江省技术改造新型产业重点项目名录的"基于物联网与能效管理的用户端电器设备数字化车间的研制与应用"项目多达五十多项。此外,公司投入 400 多名核心研发人员、1.5 亿元资金自主设计研发的涵盖电气系统,全系列不同产品规格的"正泰昆仑"低压电气产品系列累计申请 360 项专利,通过近 8000 项可靠性测试。与之类似的指标大幅超越行业标准和客户预期的产品在正泰集团发展历史上也同样不胜枚举。

正泰集团的电器制品由于质量过硬,产品创新,在行业内积累了相当的美誉度且蜚声海内外。自 2003 年起正泰集团就开始建立有自身特色经销商体系,持续扩大在海外的业务布局,2004 年在印度尼西亚布局经销商体系,目前已经建成常驻70 人左右规模的集营销、售后和物流三位一体的经销团队,拥有 2 家分公司,9 家专营形象店和 50 多家二三级分销商,网络已覆盖印尼全国 22 个省份。此外乌兹别克斯坦和阿根廷作为中亚和南美地区人口最多的区域,也都被正泰集团列为区域化经销商体系战略布局的切入口。目前正泰集团已在当地联合拥有优势制造和经销资源的企业分享网络,迅速提升市场占有率,将"正泰"和"NYK"的双品牌逐步推向市场,将"CHINT"品牌打造成当地最有声誉的中国品牌,让中国智造的知名度在全球范围内扩散。

3.3.2.3　企业能力与企业创新

正泰在集团运营层面围绕创新主题,打造了开放式、多层次的创新网络。从企业内部来看,集团设立了独立的技术研发部门和特种专业技术处,以这个创新网络为核心将研发、培训、产业化等流程整合成为一条完整的"产品创新链条"。目前,正泰集团在技术研发方面已形成自身特色,以正泰电器技术研究院、专业研究所为主体的创新链让公司产品在国际市场上从"跟随型"逐步迈向"领先型",极大增强了企业创新能和竞争能力。

2016 年度上市公司投入研发资金达 74671.62 万元,全年完成新产品开发 164项,新产品投产 71 项,技术改造验收 25 项,获得专利授权 684 件,参与行业标准制(修)定 5 项,完成国内外认证 83 项。目前,正泰集团已开始全球化布局,在北美、南美、欧洲、中东等地区均建立了专业化的研发机构。同时还在德国、泰国以及马来西亚等地建设新能源技术生产基地,有效形成多元化的开放式全球性研发体系,从国外先进制造领域的经验中不断吸收和借鉴以提升企业自身的产品创新和研发能力。

3.4 石家庄三鹿集团股份有限公司单案例分析

3.4.1 集团概况

石家庄三鹿集团股份有限公司(下文简称三鹿集团)是中国北方一家集奶牛饲养、乳品加工为一体的大型企业集团,早期发展尚好。该公司成立于 1996 年,其前身可追溯到 1956 年的某奶业合作社。在其发展的最好时期,产品销售几乎遍及中国 31 个省区。三鹿集团的"十一五"发展规划制定了雄心勃勃目标:确保配方奶粉、力争功能性食品和酸牛奶产销量全国第一,液态奶及乳饮料保持前三位,全面提升企业生产规模、经济效益和综合实力,做大做强三鹿,走出国门,与国际市场接轨。但随着三聚氰胺事件的爆发,三鹿集团的发展戛然而止。2009 年 2 月 12 日,S市中级人民法院发出民事裁定书,正式宣布三鹿集团公司破产。三鹿从此成为历史。

3.4.2 三鹿集团社会责任行为对企业创新的影响

3.4.2.1 企业履行社会责任行为与企业社会资本

三鹿集团曾经在国内的乳品行业占有一席之地。但它在经营过程中,有许多方面忽视了对其利益先关者应有的关切,过度强调自身资本的积累而忽视对社会资本的构建。

第一个实例是,三鹿在处理与其供应商的关系时犯了典型的短视错误。事实上,国内外大型奶业集团都非常重视牛奶基地的建设,花费大量的资金帮助奶农和供应商改良草场,培训优良奶牛品种,在鲜奶生产各个关节推广先进技术和工艺。而三鹿集团恰恰相反,不仅不重视与供应商建立良好的共同成长关系,而且利用其自身的市场地位,挤压供应商的利润。在我们事后的访问中,当地奶农反映,三鹿收购原料奶给出的价格非常低,压级压价是经常的事。这就逼着奶农往鲜奶中掺水,但掺水之后牛奶基本成分被稀释了,就得添加各种添加剂来提高氮含量,其中最常用就是尿素和三聚氰胺。三鹿集团的前管理人员事后也多有反思,他们为了降低所谓的成本,损害了供应商的基本生存空间,结果是害了自己。但这种认识确实太晚了,直到三聚氰胺事件爆发后,三鹿集团的领导还将责任归结到奶农身上。他们没有认识到自己的经营行为破坏了产业链生态,造成了劣币驱逐良币的恶性循环后果。

第二个实例是三鹿集团在处理与政府的关系上也犯了明显的错误。早期三鹿集团的经营尚可,他们对地方经济的贡献也值得称道,政府质检部门比较信赖该企业,三鹿甚至获得了免检的待遇。这个时候三鹿本应倍加珍惜政府的支持,共同把企业做大做强。但与此相反的是,三鹿凭借免检的便利,忽视了产品质量。在发现奶农添加三聚氰胺之后,不是果断采取措施与政府监管部门一起解决,而是隐瞒事实,欺骗监管部门,造成了不可挽回的后果。三聚氰胺事件爆发后,政府部门也非常被动,因为这种事件大大损害了政府的公信力,间接加速了三鹿的倒闭。此例表明,三鹿一开始就没有重视建立良好的社会资本,而恰恰损害了社会资本发挥作用的根基。

3.4.2.2 企业社会资本与企业能力

许多企业都善于将良好的政商关系转化为企业的技术优势,并不断提升自身的能力,而三鹿集团在这方面同样失策。

第一个实例是三鹿集团失去了将政治关系转化为企业技术能力的机会。在三鹿集团经营较好的时期,获得了较多基于政府的社会资本。三鹿在2007年被国家商务部评为最具市场竞争力品牌,"SL"商标被认定为"中国驰名商标",经中国品牌资产评价中心评定,三鹿品牌价值高达149.07亿元。

此时的三鹿集团显然应当抓住机会,利用政府鼓励创新的政策,加大新技术的研发力度,不断提升市场竞争力。比如,可以通过建立奶业国家实验室、奶业国家工程技术中心等途径汇聚尖端科技人才,在奶品生产技术上引领整个行业,在振兴民族奶业的同时,扩大和巩固自己的竞争优势。而此时的三鹿集团则走向歧途。一方面,由于片面强调降低成本,奶源质量越来越差;另一方面,由于不重视技术能力,与同行的差距越来越大。这时,它只能用上饮鸩止渴的价格战手段以提高销售额。但由于没有话语权的产业链前端环节——奶农和中小供应商的利润空间已经被压榨殆尽,三鹿自己也开始走向了下坡路。事实上,在三聚氰胺事件爆发前,三鹿奶品基本上已经成为低价劣质产品的代名词,绝大部分被同行挤到了消费者剩余最低的偏远农村市场。而到这个时候,企业的竞争力已经大大衰弱,即使没有三聚氰胺事件的爆发,三鹿退出历史舞台也是迟早的事。

第二个实例是三鹿集团失去了将巨大的商业关系转化为技术能力的重要机

会。三鹿集团在鼎盛时期曾经拥有庞大的用户群体,其销售渠道也已初具规模,2007 年三鹿的销售额达 103 亿元。此时,三鹿的战略应当是适应农村广大市场的特点,加快产品创新,开发出适应不同区域(如热带与寒带、干旱与湿润地区)、适合长途运输、不易腐败变质的、价格合理的各类奶品,巩固并扩大市场。但与此相反,三鹿集团不仅没有做这些,而是无视广大消费者生命健康。在三聚氰胺事件还未爆发之前的 2007 年底,三鹿集团就接到农村偏远地区反映,称食用三鹿婴奶粉后,婴儿尿液中有颗粒现象,到 2008 年 6 月中旬,又陆续收到婴幼儿患肾结石去医院治疗的信息。这时三鹿集团没有采取果断措施解决问题,而是令其原奶事业部、销售部、传媒部各自分工,试图通过奶源检查、产品调换、加大品牌广告投放和宣传软文,进行所谓的危机公关。2008 年 7 月底,三鹿集团向各地代理商发送了《婴幼儿尿结晶和肾结石问题的解释》,要求各经销商以天气过热、饮水过多、脂肪摄取过多、蛋白质过量等理由安抚消费者。而对于经销商,三鹿集团也同样采取了欺骗的手法。在最初几轮奶粉回收过程中,三鹿集团并未向经销商告知产品质量问题,而是以更换包装和标识进行促销为理由,导致经销商不明原因而未能积极响应。直到当年 9 月以后甘肃、河南、安徽、江西、湖北、宁夏出现大面积婴幼儿肾结石和输尿管结石,甚至多人死亡以后,三鹿的蒙骗手段才被揭穿。而当消费者和经销商发现他们成为巨大的受害者后,自然而然选择了用脚投票。

这家年销售额过百亿元的企业,在破产后被同业收购时,只拍出了 6.16 亿元的价格。

3.4.2.3　企业能力与企业创新

三鹿集团走上压榨供应商、欺骗经销商、非理性降低成本的歧途上以后,只能通过价格战进行低价倾销。价格战的前提是市场空间还能无限扩张,而此时的国内奶粉市场已经接近饱和。长期的价格战已经过量消耗了三鹿集团好不容易积累起来的资源。事实上,2007 年前后,国内奶品企业已经注意到,随着人民收入和生活水平的提高,人们已经不再满足购买过去的低品质奶品,纷纷加大技术投入,研发各种高质量的奶品。而此时的三鹿集团,已经陷入低成本粗放经营的陷阱而不能自拔。

更为严峻的是,三鹿集团内部的研发团队早已对自己的公司失去信心。他们非常清楚这样靠欺骗消费者、供应商、经销商和监管部门的做法迟早会暴露,一些技术骨干或者跳槽,或者忧心忡忡地准备离开,已经无心创新。2007 年以后,不仅新产品开发陷于停滞,连原有产品线的支持都难以跟进。此时的三鹿集团已经被同行远远地甩开，创新能力大幅减弱。

3.5 跨案例分析及研究命题提出

以上是我们对三家案例企业在企业社会责任行动、企业社会资本（商业关系、政治关系）、企业能力（技术能力、营销能力）、企业创新等方面进行了单案例分析。为方便进行跨案例的横向比较和分析，我们在提供案例企业背景和基本情况的基础上，对三家企业在企业社会责任行动、企业社会资本、企业能力和企业创新等方面的表现进行编码，表现好坏从高到低分别为好（80—100分）、较好（60—79分）、一般（40—59分）、较差（20—39分）、差（0—19分）这五个等级，随后邀请研究团队中参与调研且对案例企业较为熟悉的研究人员进行打分，对编码结果进行核对和修正。具体汇总如下表3-3所示，结合案例内纵向分析以及跨案例对比分析，我们总结并提出对应的研究命题。

表3-3　案例企业相关变量编码情况汇总

		万丰集团	正泰集团	三鹿集团
企业社会责任行为	CSR商业活动	好	好	一般
	CSR慈善活动	较好	较好	一般
企业社会资本	政治关系	好	较好	一般
	商业关系	较好	好	较差
企业能力	技术能力	好	好	一般
	营销能力	好	较好	较好
企业创新		好	较好	一般

资料来源：由作者汇总整理。

3.5.1 企业社会责任行为与企业社会资本的关系

万丰和正泰集团在企业社会责任的商业活动水平上都处于高水平，慈善活动也保持在较好的状态。相应地，两家企业的社会资本也都处于较好等级以上。具体表现上，万丰集团在多年来始终秉承着"为客户提供优质产品，为国家创造更多税收，为员工提高生活质量，为股东提高投资回报"的企业文化，积极承担企业社会责任，实现企业可持续发展战略，集团在产业界和政府部门积累了深厚的社会资本。上文的单案例分析中该对应部分的三个实例生动反映了万丰是如何将利益相关者的需求和社会责任深深融合在日常生产经营活动中。首先是在创业初期宁可牺牲一个季度的净利润也始终坚守产品高质量,最终赢得客户和市场的认可;其次是与国际顶级卡丁车厂商"道格拉斯"建立独家供货配套关系,从高端市场需求切入,引领行业标准的建立;最后是为努力改善员工生产工作环境而进行技术创新,并减少劳动成本、提升工作效率。这些企业社会责任行动在满足市场、客户和员工等利益相关者诉求的同时,也为企业带来重要的社会资本。比如万丰在摩托车轮毂制造领域积累的良好客户关系和品牌知名度,为后续开辟汽车轮毂业务时的人才引进、技术框架搭建带来的便利;在镁合金轮毂业务上开辟国际市场为其带来的政治资源,得以参与科技部"十二五"和"十三五"国家科技支撑重大项目并主导多项镁合金国家标准制定;努力为员工提供良好的工作环境和创新容错氛围,极大地促进了企业内部各类技术小组对于生产制造环节不懈地探索和创新。

正泰集团在对企业供应商及其他合作伙伴、企业客户、员工及政府部门的社会责任行动中也表现出较高的水平。例如帮助供应商重新调整组织架构,编制作业流程,提供管理人员精益加工流程培训和训练营,同时还建立具有特色的"经销商渠道帮扶模式";为客户提供"端到端"一站式服务,在行业内首推"1小时内首次客户响应,24小时内现场问题解决"的售后服务标准;为不同层次的员工提供能够逐步实现自身价值的管理培训体系,同时建立"管理通道+专业通道"的跨职业体系双通道发展路径。而对于政府部门的诉求,正泰集团作为低压电器龙头企业积极参与各项国家和行业标准制定,并在G20会议上主动承担浙江民企和中国制造业民族品牌代表企业的定点接待与宣传工作。这些企业社会责任行为从各个方面为企业赢得了与利益相关者之间紧密的商业关系和政治关系,也是企业提升竞争力不可或缺的重要内外部资源。

相对而言,三鹿集团在履行社会责任方面表现却乏善可陈。它不仅不重视与供应商建立良好的共同成长关系,而且利用其自身的市场地位,压级压价,挤压供应商的利润;在与消费者和经销商的关系处理上,采用欺骗的手段损害他们的利益;在政治关系的构建和维持上,三鹿集团几乎完全忽略了政府监管部门的价值取向和诉求,置维护公众食品安全的基本底线而不顾,使政府部门陷入完全被动的局面,极大地损害了政商关系。

根据上述分析,我们可以得到:

命题1:企业社会责任行为对企业社会资本会产生重要影响(其中企业社会资本包含商业关系和政治关系两个层面)。

3.5.2 企业社会资本与企业能力的关系

从案例内研究的情况来看,企业社会资本表现较好的企业,通常其企业能力也处于比较高的水平。具体来看,随着万丰集团规模和技术水平不断发展和提升,公司董事局主席也先后当选浙江省女企业家协会会长、全国人大代表、上海浙江商会党委书记等职务,企业和政府间的深厚关系给万丰带来的不仅是表层的名誉和声望,还包含了诸多能够真正帮助企业获取社会资本,提升竞争力的力量源泉。例如同为上海浙江商会名誉会长的马云、郭广昌都在产业发展和资本运作方面有深厚底蕴,尤其是郭广昌执掌的复星集团更是"中国资源嫁接全球动力"模式的典型代表,而万丰集团在国际市场的大手笔产业并购及金融投资都与这种社会资本的运用有着千丝万缕的联系。对于万丰,未来想要在智能大交通领域的国际竞争中脱颖而出,光靠企业内部或国内的行业合作创新力量已远远不够,对卡达克、镁瑞丁、派司林等混合动力、新工艺涂覆以及智能工业机器人等细分领域的世界级高科技公司的并购与合作,才能够促进企业技术能力和营销能力持续提升。此外,作为身处中国民营经济发祥地浙江的民营制造业企业典范,万丰在国务院国资委和浙江省政府签署战略合作备忘录后,被选为第一批牵手央企参与发展混合所有制经济的试点民企,2012年万丰与中国汽车技术研究中心合作开启了总投资规模超过20亿元的"卡达克新能源混合动力汽车"项目。对于万丰来说,此次合作不仅意味着中汽中心向万丰开放其核心团队历时八年所研发出的技术、性能指标全面领先的新产品,同时未来还将获得中汽中心下属各科研院所持续的技术支持,这将不断提升万丰的企业创新能力,使其开发出的产品能够在市场上保持持续的竞争优势。

正泰集团在低压电器行业耕耘多年,始终坚持履行企业社会责任,与不同利益相关者建立了良好的商业关系和政治关系。"一带一路"是中国企业开展国际产能和装备制造合作的重要机遇和途径,自国家提出该战略后,正泰发挥其在行业内累积的商业关系优势,在"一带一路"沿线及欧美多个国家设立了工厂、研发和营销机构,已建海外地面光伏电站30多座,产品覆盖120多个国家和地区,进一步提升了企业的品牌营销能力和技术能力。同时,良好的政治关系也促进了正泰与国有企业的合作,正泰与有关国企于2015年联合投资5.05亿美元建成柬埔寨达岱河水电站BOT项目,全套输配电装备都是正泰系列产品。在国际产能和装备制造领域,正泰已成为与国有企业实现优势互补、联手抱团参与国际竞争的优秀民营企业典范,在内保外贷、境外发债等方面与国有企业享受了同等待遇,进一步促进了企业技术和营销能力的提升。

三鹿集团则是典型的反例,它不仅没有通过构建良好的政商关系来提升企业能力,还将早期已经建立的初具规模奶业基地、供应商与经销商网络毁在自己手里,甚至不惜糟蹋自己的"羽毛",将来之不易的"国家免检产品"荣誉亲手葬送。到了后来,三鹿集团的路越走越窄,可利用的社会资本越来越少,企业甚至难以对已有的产品线提供技术支撑,导致竞争力每况愈下,陷入难以自拔的恶性循环。

根据上述分析,我们可以得到:

命题 2:企业社会资本(商业关系和政治关系)对企业能力(技术能力和营销能力)提升会产生重要影响。

3.5.3 企业能力与企业创新的关系

从案例内研究的情况来看,企业的技术能力和营销能力表现较好的企业,其企业创新也处在比较高的水平。作为国新能源与电力能源设备制造领军企业,正泰集团从创立之初就坚持"存钱不如存技术"的经营理念,每年都将产品销售利润的3%—30%提取作为改进和研发该类型产品的创新基金,在高端装备领域的科研费用更是高达产品利润的50%。基于多年积累的专业人员和技术研发能力,正泰集团截至目前已参与制订、修订各类行业标准超过120项,并荣获国内外各类型认证接近1000项、专利授权量达到2000余项。仅2016年度在高端智能电器领域的研发创新就荣获专利超过300项。由正泰研发设计制造的太阳能电池关键高端生产设备(PECVD),将西方发达国家长期的垄断一举打破;其自主研发制造的高效异质结HIT-PECVD设备和光伏背钝化ALD设备也在行业内达到国际领先水准,在全球高端光伏装备市场上备受采购商的青睐。值得重点介绍的是正泰集团的王牌低压电器产品"昆仑"系列的研发过程,为攻克该项目正泰专门组建400人规模的专业人才团队,前后投入资金超1.5亿元。历时三年时间不断打磨升级,仅为了该系列中的一个产品就做了800多幅模具,也仅为了一个细节设计就曾做了36套方案。最终该系列产品整体通过了近8000项可靠性测试,荣获360多项专利,从零下35摄氏度到零上70摄氏度的各类严苛作业环境的耐用性测试均表现良好,当仁不让地成为该领域内全球范围内最值得信赖的领先产品。

同样,万丰集团作为目前国内汽车轮毂制造、工业机器人、飞机零配件制造等高端制造领域的民营领军企业,在汽车轮毂领域已成为全球十大高端汽车品牌的长期战略合作伙伴,专门为宝马和路虎供应定制化的高端产品。公司并购的加拿大镁瑞丁汽车零部件公司,在行业内拥有全球领先轻量化高端技术,目前已结合万丰的产业优势将其镁合金创新产品种类拓展至军工、新能源汽车等应用领域。此外,公司收购的绿色高科技环保涂覆领域领军企业达克罗,已建成全国最大环保涂覆加工基地并持续进行产品创新,在全国范围内率先实现无铬化涂覆的产业应用,挺进航空航天、汽车、高铁、风力发电等高端装备制造行业。

三鹿集团在步入歧途之前,一度与全国 16 家科研院所合作,进行科技创新,提升产品质量,曾经开发出 9 大系列 245 个品种。但随着企业责任战略的失误,企业经营状况开始走下坡路,技术能力和营销能力均出现严重下降,产品创新更是无从谈起。

根据上述分析,我们可以得到:

命题 3:企业能力(技术能力和营销能力)对企业创新(主要指产品创新)会产生重要影响。

3.6 案例分析小结

本章采用探索性案例的研究方法,从企业社会资本和基于资源的视角对企业社会责任行为对企业创新的影响机制进行了初步探讨。选择的研究对象为三家在其行业内都非常具有代表性的民营制造业企业,通过案例内以及案例间的横纵向比较和分析,总结得出企业履行企业社会责任将有助于企业获取社会资本(商业关系和政治关系),而拥有企业社会资本有助于提升企业能力(技术能力和营销能力),最终企业能力将有助提升企业创新的初步结论。这种作用过程反映了企业针对不同利益相关者履行社会责任并最终影响企业创新的内在机制。但案例研究毕竟不能反映一般性特点,因此后续章节我们将以上述分析和研究命题作为基础进行假设推演,然后通过实证研究来验证我们的假设。

4. 研究假设及实证模型

本章将基于探索性案例分析所提出的三个研究命题,结合现有的关于企业社会责任、企业社会资本、企业能力与企业创新间关系的理论研究的进一步梳理,对企业履行社会责任行为影响企业创新的内在机理开展更深层的探究,最后推导出本文的研究假设及对应的实证研究模型。

4.1 研究假设

4.1.1 企业社会责任行为对获取企业社会资本的影响

由于企业自身无法获得生存发展所需的所有资源,这种资源的需求就推动企业必须与外部组织形成互相依存的关系。因此,企业的竞争优势不仅仅取决于其内部拥有的能力和资源,还要同时考量其与外部组织和环境间存在的相互渗透关系(即网络关系)。企业积极承担社会责任行为,能够从其所处的社会网络中的各利益相关者获得信息和资源(Moran,2005),但这仅显示出一种获取资源的潜在可能性,最终企业与不同利益相关者间的嵌入关系才是决定潜在可能性是否能够实现的关键(Zhou 和 Li,2012)。企业社会责任行为不仅有助于维持和促进企业与不同利益相关者之间现存的交流和联系,同时还对培养新的关联有很大帮助。由于嵌入在利益相关者网络中的个体或组织之间同样存在交流和联系,经由信息和稀缺资源的互换与共享将有可能使原本不相干的个体与组织之间形成新的关系网络,企业则有机会去接触到更加丰富多样的异质性信息和知识(Burt,1992;Burt,2005)。毫无疑问,当前市场环境所呈现出的网络连接态势(Hillebrand 等人,2015),将为企业通过其所嵌入的利益相关者网络而获取新的社会资本提供极大的便利,同时也不断提升其适应环境、资源利用和竞争优势获取的能力(Fang 等人,2015)。

企业通过与各利益相关者交流互动中满足其对于企业的期望和需求,往往能够从中获得有价值的、稀缺的、难以模仿和替代的信息与资源,这种嵌入社会网络中而获取的资源就称之为企业社会资本(Bourdieu 和 Wacquant,1992;Adler 和 Kwon,2002)。伯特(1992)、莫兰(2005)、科卡(Koka)和普雷斯科特(Prescott,2008)的研究表明企业与其他合作者之间建立紧密而值得信赖的网络关系将促使其获取两类社会资本:①更多机会获得有价值的信息和资源;②在网络关系中占据重要地位以控制无关联关系的合作者间的信息流动。此外,社会资本还可以作为缓解潜在冲突的润滑剂并促进合作者之间开展更加深度的合作(Moran,2005)。综上,社会资本对于企业获取关键信息、资源以提升创新能力有着极为关键的作用。本章主要从两个维度对社会资本进行讨论:商业关系和政治关系。商业关系指企业和内部员工、客户、供应商、采购商等主体之间的关系,而政治关系主要指企业与各级政府部门及官员之间的关系(Peng 和 Luo,2000;Sheng,Zhou 和 Li,2011;Zhou 等人,2015)。

李等(Li,2013)的研究认为企业创新的关键是能够获取多样化的信息和知识,而通过文献梳理,我们发现企业通过履行社会责任来回应和满足各利益相关者的期望,可以使企业与各利益相关者建立紧密的关系,从而获取企业技术研发和市场拓展所需要的信息和资源,进而有助于促进企业创新。首先,在履行满足利益相关者的 CSR 行为过程中,企业有机会直接接触到企业外部成员,如上游供应商、下游渠道商、市场客户、政府部门甚至行业竞争对手,这些利益相关者都有可能是外部信息和知识的来源(曾萍等,2016)。例如 Fang(2008)的研究就指出顾客在新产品开发中既可以提供市场信息,也可以作为新产品开发者在产品上市初期起着重要作用。在与网络成员交流互动过程中,企业还可通过利益相关者获得竞争对手的信息,从而在企业创新中实现差异化战略。其次,利益相关者有助于企业获得创新所需要的资源。从满足股东角度考虑,企业社会责任有助于产品创新的资源投入等决策过程中获得支持,增强股东和投资人对企业创新的信心继而提供资金和资源的支持。从满足政府利益诉求出发,为其带来较高税收、提升就业率可使企业获得创新必要的产业和人才政策扶持。而从提高员工福祉角度出发,这种社会责任行为有利于培养员工敢于冒险,不惧失败,开展创造性活动的积极性。最后,产品创新成果的商业化同样离不开利益相关者的支持。创新产品由于缺乏市场认知度,因此在市场接受度上不具备优势。建立与利益相关者的密切关系,会提升合作伙伴与消费者尝试使用该技术和产品的意愿,并逐步打开市场获取认可。

参照第二章文献综述中对于企业社会责任行为的分类,目标群体为首要利益相关者的企业社会责任行为我们称之为"企业社会责任的商业行为"(Homburg, Stierl 和 Bornemann，2013)，该层面主要针对企业核心商业运作和市场交换过程中所涉及的利益相关者，如上文提到的股东、债权人、企业内部员工、产品客户及产业链上下游企业。而这些利益相关者控制着企业生存与发展所必需的资源，且这些资源会对企业价值创造产生重大作用(Salancik，G. R.，和 Pfeffer，J.，1978)。针对股东和债权人，企业通过努力经营获取较高的利润回报并按时偿还债务有助于在企业内部创新决策中获得肯定和资金、资源上的支持；针对内部员工，科技巨头谷歌营造个性化的办公室环境(每个新入职员工可获得 100 美元来装饰自己的办公区域)并革新企业文化(取消等级制度、所有工程师都有 20% 的自由时间做自己想做的任何事)，大大激发员工的创造力，并因此创造了诸如谷歌邮箱、空间六度理论等深受用户好评的创新产品和理论；针对消费者和客户的企业社会责任，能够提升产品满意度和重复购买意愿，同时促使消费者主动参与到产品创新的过程中(Prahalad 和 Ramaswamy，2000)；除此之外，企业在与供应商的交流互动过程中还可能获得竞争对手的产品信息和需求，从而实现产品创新的差异化战略。

与此相对应的，"企业社会责任的慈善行为"主要指与政府、社区和非营利组织等次要利益相关者进行交涉，以及其他满足社会公共需求为主的企业社会责任行为，这些行为通常与企业核心商业运营没有直接关系(Carroll，1991)。从利他动机(altruistic motive)来看，企业这种公共导向的社会责任行为(社会救助、慈善赈灾)的目的是无偿帮助他人(Sharfman，1994)。但由于在此过程中变相地协助当地政府部门完成了政治任务，维护了社会稳定(Bai 等人，2000)并帮助政府管理者在地区竞争中获得优势(Jin 等人，2005)，企业将借此建立起与地方政府间的长期稳定的政治关系。因此，当企业选择慈善等公共导向的社会责任行为所可能获得的长期收益高于其需要付出的成本时，它们往往会选择主动配合政府完成任务并建立牢固的政治关系(张敏，马黎珺，张雯，2013)。基于上述分析，我们提出假设：

H1：企业社会责任行为对企业获取商业关系有显著的正向影响。

H2：企业社会责任行为对企业获取政治关系有显著的正向影响。

4.1.2 企业社会资本对企业能力的影响

林(1999)的研究认为企业社会资本在企业社会网络中既拥有资源的属性，又能被看作是一种运用资源并将其转化为企业竞争力的能力，而这个过程的核心是通过在社会网络中与其他个体进行知识、信息及资源的相互交换和利用(Tsai，

2006)。

　　企业社会资本中的商业关系指企业与商业伙伴（如供应商、客户、内部员工等）建立的非正式社会关系（Peng 和 Luo，2000）。饶等（Rao，2008）研究发现企业在经营发展过程中建立的商业关系有助于其在行业及市场上获取网络合法性，而这种合法性作为公司重要的战略资源有助于企业获得更多有效的市场资源，包括产品信息、竞争者的动向、消费者需求信息等。同时，与商业伙伴建立紧密关系有助于提升信任并形成规范，从而降低交易成本，共享已有知识，进一步提升企业的学习能力（Heide 和 John，1992）。肯珀（Kemper）等（2013）和姜卫韬（2012）的研究表明拥有较强商业关系的企业，能够倚靠这种关系获得资源利益和信息利益。资源利益指的是企业所获得和控制的外部资源，例如对于行业内最新的技术知识的了解、招聘到熟练或有创新能力的技术人员以及迅速建立新产品研发团队、技术生产线或服务流程。此外，企业与利益相关者建立良好的商业关系不仅促进企业获取外部信息和资源，同时还通过影响企业知识组合与交换来提升其内部智力资本开发的能力（Shu 等人，2012）。具体来看，企业商业关系对于企业技术能力的影响可以体现为以下几点：①企业通过与上游供应商建立良好的商业关系能够使其提前介入产品开发的过程，对于新产品开发所需要的原材料或半成品进行定制化生产，协助企业降低新产品开发的成本并提升创新的成功率（Ragatz 和 Handfield，1997；耿新和张体勤，2010；）；②与企业（尤其是制造业）保持良好商业关系的客户通常更愿意参与企业产品创新研发的过程，通过彼此异质性的资源共享和知识分享，协作式创新整合的效率会得到明显提升（Shu 等人，2012）。同时，由于企业交易关系的多元性，企业还有可能通过客户企业获得竞争对手的动向，以提升其提前布局进行技术反制的能力（Sheng，Zhou 和 Li，2011）。③企业通过与内部员工建立良好的商业关系，有助于优秀员工的留存，进而提升员工进行技术研发和创新的动力（Turban 和 Greening，1997），同时也有助于企业对外招聘技能熟练和有创新能力的技术人员以提升企业产品创新和研发的能力（Kemper 等人，2013）。

　　同样的，营销能力作为企业执行营销及市场活动（营销渠道建设、传播体系建设、消费者需求调研及定价系统建设等）过程中，利用相关资源为客户创造价值并传递企业价值的能力，也会受到企业商业关系的重要影响。具体来看，与供应商之间拥有良好商业关系的企业，通常在能够比竞争对手更加及时、有保障地拿到更低成本的上游产品，有助于企业在市场营销中选择和执行低价策略（Heide 和 John，1992）；此外，与客户保持良好的商业关系还有助于企业更及时和准确地获取当下市场需求信息(Sheng,Zhou 和 Li，2011)，较竞争对手更早挖掘出新的市场机会，并制定更为完善的营销计划(Sivadas 和 Dwyer，2000)来进行新产品推广和新市场拓展。基于上述分析，我们提出假设：

H3：商业关系对企业技术能力有显著的正向影响。

H4：商业关系对企业营销能力有显著的正向影响。

在任何相对稳定的经济体中，政府部门都在某种程度上控制着企业生存发展中极为重要的资源、机会与信息(Walder，1995；Peng 和 Luo，2000)。企业拥有良好的政治关系能够提升其政治合法性，(Bansal 和 Clelland，2004)指出一个拥有政治合法性的公司可以避免过多的政治审查，降低执行低效率带来的风险。而这种合法性的背后更深层次的意义，则是企业可以通过政治关系这种非制度化手段去获取必要的稀缺资源和潜在获利机会(张建军和张志学，2005；Sheng 等人，2011)。从提升企业技术能力的角度来看，与各级政府和主管部门建立更紧密的关系和联结将会帮助企业获得包括产业政策、技术信息等知识资源(Hillman 等人，1999；Thun，2006)。同时在经济转型的大背景下，更为清晰地了解各级政府为引导经济活动而制定的产业规划并获取相关政策红利对企业来说也是至关重要的(朱秀梅和李明芳，2011)，尤其有助于企业进行战略性的技术布局和产品研发创新。此外，政府部门掌握的土地、人才引进政策、产业补贴等稀缺性资源，也都是企业提升技术能力所必须具备的(Khwaja 和 Mian，2005)。更重要的，拥有良好政治关系的企业，拥有更多机会通过政府中介关系搭建与高等院校、科研院所以及国有企业合作的桥梁，这些获取外部知识的平台对于企业技术能力的提升也是不可或缺的力量。

从企业政治关系影响企业营销能力的角度来看，企业进行新产品研发和创新的过程中，政府采购对企业研发属于事前补贴。具备创新潜能的企业在其产品还处于研发或市场化初期，暂时未得到市场认可的阶段，政府提前对其产品或技术进行购买和补贴，是降低企业创新投入和市场风险的有效手段(曾萍和邬绮虹，2014；杨洋，魏江，罗来军，2015)。同时，对于投放市场的新产品，企业获得的政治合法性或某种政府背书更容易提升客户的接受度，这也是对营销能力的潜在提升。基于上述分析，我们提出假设：

H5：政治关系对企业技术能力有显著的正向影响。

H6：政治关系对企业营销能力有显著的正向影响。

4.1.3　企业能力对企业创新的影响

企业创新是指从收集创意、研发、测试到最终新产品或服务引入市场的整个过程(Garcia 和 Calantone，2002)。在企业开发新市场，适应动荡的环境及保持持续的竞争优势的过程中，企业创新的能力具有至关重要的意义。

企业技术能力作为企业发展先进技术并运用其进行新产品开发的能力(Krasnikov 和 Jayachandran，2008；Zhou 和 Wu，2010)对于企业绩效和创新将产生正向的影响。Afuah(2002)研究认为拥有技术能力的企业一方面能够帮助企业降低运营成本，同时还能够帮助企业实现产品差异化。技术能力比较强的企业通常能够进行创造性的生产技术革新，并且能够快速响应市场和技术环境的变化进行产品创新(Song 等人，2005)。结合社会网络理论来看，Zhou 和 Wu(2009)认为技术能力越是出众的企业，越懂得去吸收和利用与企业内部知识系统一致性较高的外部知识，并将内外部知识吸收融合进行创新，这个过程能够使得企业的研发投入更加高效(Voudouris 等人，2012)。因此，我们认为企业所拥有技术能力的强弱，将决定其是否能够进行差异化的产品创新，从而获取独特的竞争优势并建立竞争壁垒。技术能力越强，企业也越能够将最前沿的行业技术融入自己产品开发和创新的过程中，完成从迎合消费者迎合市场逐步向引导市场、改变消费习惯的颠覆式创新转变的过程，从而为企业赢得超额利润(Zhou 等人，2014)。基于上述分析，我们提出假设：

H7：企业技术能力对企业创新有显著的正向影响。

营销能力体现了企业执行营销活动(定价、渠道、传播以及客户需求挖掘等)的过程中为客户传递和创造价值的效率，因此拥有强大营销能力的企业往往能够较早地发现市场趋势并准确把握消费者需求的动向(Wang 等人，2004)。这些能够真实了解客户需求并及时给予满足的企业往往能够与客户建立更加紧密的关系和联结，也就拥有了更多向客户传递价值和发现新需求的机会(Murray 等人，2011)。正是由于企业能够迅速发现市场需求的变化并及时调整策略进行产品创新，企业才能够在同质化竞争市场中体现出其产品的区分度(O'Cass 和 Weerwardena，2010)，获取持续性的竞争优势。Ngo 和 O'Cass(2012)的研究认为，企业开发出的新产品越是能够满足潜在和现有客户的需求，其创新的能力就越强。而营销能力强的企业正是通过这种定价、渠道、传播和挖掘客户需求的方式，不断发现客户和市场的最新需求，向客户传递比竞争者体验性更好、易用性更强、性价比更高的新产品以吸引客户的持续关注。同时，由于企业创新存在较高的风险,据不完全统计90%的产品创新最终都将归于失败,而创新失败给企业带来的高额沉默成本有时是无法承受的,例如诺基亚破产的一个重要原因是投入大量资金和资源研发出的Meego操作系统不被市场接受从而一蹶不振。而营销能力强大的公司因为能够事先了解潜在的市场需求,从而避免创新产品叫好但不卖座的窘境。基于上述分析,我们提出假设:

H8:企业营销能力对企业创新有显著的正向影响。

4.1.4　竞争强度和市场不确定性的调节作用

从权变理论视角来看,由于企业的商业行为内嵌于更为广泛层面的外部环境中,因此只有组织与外部环境相匹配才能够产生更好的经营绩效(Williamson,1996)。中国目前正处于经济新常态下的产业结构转型期,从市场环境来看,较高的竞争强度和市场不确定性可能成为当前阶段的主要基调(Gao,Xie和Zhou,2015)。而由于外部市场环境因素将对企业选择履行社会责任行为产生重要影响,因此在本研究中我们将市场不确定性和竞争强度这两个因素作为重要的调节因素,去考量它们对企业履行社会责任行为获取企业社会资本这一过程的影响。

市场不确定性被定义为市场环境高度的不确定性、不稳定和缺乏控制(Jaworski和Kohli,1993)。不确定的市场环境通常会让企业很难对其他经济行为者的活动和反馈进行预测,其中包含了客户需求的变化、供应商及合作伙伴的变化以及竞争者的活动等。市场不确定增加了企业获取信息和资源的困难程度(Karma,Richter和Riesenkampff,2016),通常来看外部市场环境变化速率越快则企业越有可能获得模糊而不充分的信息,故此出现战略选择的迟滞。因此企业选择主动承担社会责任是应对市场不确定性的有效措施和战略,通过满足不同利益相关者的期望,企业与它们建立可持续性的关联,便于从不同利益相关者那里获得创新必不可少的信息和资源。与此同时,在市场不确定性较高的情形下,由于对未来的预见性较低,企业进行创新的失败风险也对应升高,此时履行对各个利益相关者的社会责任行为,有可能得到关键性的支持和帮助,进而降低创新失败的概率。具体来看,履行企业社会责任获取商业资本能够在某种程度上成为法律框架的暂时代理,通过契约性的商业机制阻止市场上可能发生的不道德行为(Grewal和Dharwadkar,2002);此外,在不确定性较大的市场中,企业为了生存和发展必须为客户提供更优质的产品、创造更多的价值来增加确定性(Jantunen等人,2005),这样势必需要和包括供应商、客户甚至企业内部员工在内的利益相关者建立密切的关系,以获取外部网络中的异质性知识和资源以促进内外部整合创新。

　　而履行企业社会责任获取政治资本则可在面临高度的市场不确定时寻求政府部门的帮助。Arrow（1962）研究发现市场在进行创新资源配置与调节的过程中会出现失灵的情况，例如市场不确定性等系统性问题往往需要政府干预（Chaminade和Edquist，2006）。此时政府部门将通过财政政策、行业政策来调节市场以保障资源有效配置（Kang和Park，2012），通过企业社会责任行为建立政治关系能够在市场不确定情况下对企业的创新资源进行有效补充（Almus和Czarnitzki，2003），降低其进行创新的风险（Hussinger，2008）。此外，从信号理论来看，企业通过政治关系获取政治补贴在其所处的社会网络中其他个体看来是一种利好的信号，在市场不确定性处于高水平时，这种社会资本将给企业贴上得到政府部门认可的标签，进而提升企业从其他利益相关者处获取创新资源的能力（Lerner，1999；Kleer，2010）。反观在低水平的市场不确定性下，企业对于市场有较大的确定性，可以尝试更多样化的战略选择，并不一定需要通过履行社会责任来获得社会资本，此时企业社会责任的战略意义会降低。基于上述分析，我们提出假设：

H9：市场不确定性会加强企业社会责任行为对政治关系的正向影响。

H10：市场不确定性会加强企业社会责任行为对商业关系的正向影响。

　　竞争强度指企业在一个行业中面临的竞争程度（Gu，Hung和Tse，2008）。激烈的竞争环境表现为残酷的价格战、替代产品层出不穷、需要大量投放广告等。一方面，当竞争加剧时，企业更多精力和资源关注于如何生存。企业在提供产品和服务时往往严格控制成本，同时缺乏应对各方面利益相关者的动机，满足底线经济责任成为首选。此外，Jaworski和Kohli（1993）、Zhou（2006）研究发现当企业面临较高水平的行业竞争时，通常会采取较为直接和主动的竞争行为（如价格战、促销折扣等）。在这种情景下企业可能采取压低供应商采购价或延长账期、同时也可能暂时将客户体验、价值传递等理念的优先级降低，此时通过企业社会责任行为获得有社会资本的商业关系和政治关系的潜在价值将会降低。另一方面，在高强度竞争环境下创新需要更高效和自由的工作，因为环境变化太快，信息和机会稍纵即逝（Zhou，Li和Shen等人，2015）。企业通过积极地履行社会责任，使得企业在嵌入的利益相关者关系中，可以快速获得信息。然而在复杂的竞争环境下，关系网中各成员利益冲突也更容易凸显，增加了企业与各利益相关者合作的复杂程度，进而会阻碍企业从各利益相关者获得信息和资源，不利于企业获取商业关系。同样，企业在高强度竞争环境下会面临资源和精力的限制，而履行社会和政府部门的社会责任以获取政治关系能够为企业带来的利益可能是个长期性的战略且具有一定的不确定性。企业在短期内面临激烈的竞争状况最可能采取目标性和确定性较强的短期战略,因此市场竞争的强度可能会反向调节企业通过社会责任行为获取政治关系的过程。综上所述,我们假设:

H11:竞争强度会减弱企业社会责任行为对商业关系的正向影响。

H12:竞争强度会减弱企业社会责任行为对政治关系的正向影响。

4.2 实证模型构建

根据上文理论分析及逻辑推导,本文共提出 12 个假设,如表 4-1 所示。与此同时,基于上述假设提出本文的整体研究模型,见图 4-1。

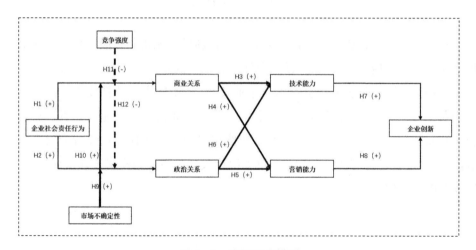

图 4-1 实证研究模型

表 4-1 本研究假设汇总

编号	假设内容
H1	企业社会责任行为对企业获取商业关系有显著的正向影响
H2	企业社会责任行为对企业获取政治关系有显著的正向影响
H3	商业关系对企业技术能力有显著的正向影响
H4	商业关系对企业营销能力有显著的正向影响
H5	政治关系对企业技术能力有显著的正向影响
H6	政治关系对企业营销能力有显著的正向影响

(续表)

编号	假设内容
H7	企业技术能力对企业创新有显著的正向影响
H8	企业营销能力对企业创新有显著的正向影响
H9	市场不确定性会加强企业社会责任行为对政治关系的正向影响
H10	市场不确定性会加强企业社会责任行为对商业关系的正向影响
H11	竞争强度会减弱企业社会责任行为对商业关系的正向影响
H12	竞争强度会减弱企业社会责任行为对政治关系的正向影响

4.3　本章小结

本章内容对于企业社会责任行为对企业创新的影响机制开展了理论讨论和逻辑推演。具体包括以下几点：一是企业社会责任行为企业社会资本（商业关系和政治关系）的影响；二是企业社会资本对企业能力（技术能力和营销能力）的影响；三是企业能力对企业创新的影响；四是市场不确定性如何调节企业社会责任行为对企业获取社会资本的影响；五是竞争强度性如何调节企业社会责任行为对企业获取社会资本的影响。在此基础上，本章提出相关理论假设并构建实证研究模型，为后续开展实证研究打好基础。

5. 研究设计

为了验证上一章提出的理论假设及构建的实证研究模型,本章主要针对整体研究设计中涉及的问卷设计、变量测量、数据收集、样本描述及后续定量分析将采用的相关研究方法进行阐述。

5.1 问卷设计

作为目前管理学学术研究中最为普遍的定量研究方法(徐晓萍等,2008),问卷调研法的有效性和重要性已经得到学术界充分认可。本研究选择问卷调研法的主要原因包括以下几点:①研究属于企业战略研究的范畴,问卷调研法在该领域是最为省时有效且能够保证准确率的方法之一;②问卷调研法可通过网络平台在不同区域统一展开调查,数据来源范围广且能够有针对性的筛选有代表性的样本;③问卷调研法通常需要前往企业一线和管理人员沟通,针对他们对问卷设计的真实看法和宝贵意见进行调整,以便更进一步将研究问题与实际情况做好匹配,保障问卷有效性;④问卷调研法可将研究中涉及的部分企业战略领域的变量进行客观的量化研究。基于 Dunn 等(1994)提供的问卷开发步骤建议,我们通过以下四个步骤开展问卷设计和构建:

第一步:在团队内部反复商议拟定初步的研究问题后,通过大量国内外文献检索和梳理,对文献中所涉及的理论构建的测量量表进行筛选汇总。随后,我们针对案例企业开展了数次实地访谈,对测度题项进行设计和调整,形成本研究问卷的英文初稿。

第二步:根据我院相关专业领域内 3 位教授、2 位副教授意见、案例企业管理人员(总经理、技术总工程师等)以及团队内部几位学术经验丰富的博士研究生的共同讨论,完善和修订问卷形成第二稿英文问卷。

第三步:我们邀请 6 位博士研究生将第二稿英文问卷整理翻译成中文版,其中每两位博士研究生仅负责翻译问卷中的单独一个部分,这将大大提升问卷所涉及的指标与原问卷的统一性。在完成问卷翻译工作后,我们在团队内部的组会上进行两次讨论并依据中国特殊情境进行了措辞的细微修正。随后,我们请团队内的硕士研究生将中文版本的问卷重新翻译成英文版,并与问卷原文对比确认是否准确表达了量表原来的意思。最后,我们在学院内随机邀请了8位博士和硕士研究生试填了问卷,以检验问卷中所涉及的指标表达是否存在歧义,并估测了每份问卷填写所需的时间。

第四步:在正式大规模数据收集前,我们在上海市科委相关工作人员的帮助下选取了10家制造业企业进行试调研,在填写问卷过程中参与者可以标出问卷中不清楚的措辞或专业术语,在填写完毕后就是否清楚该问卷的真实意图与我们沟通。

基于以上步骤,我们对问卷中存在的学术化语句进行调整,换成更直白的语句,同时调整了问卷的结构以防止原问卷中较强的逻辑化结构引导填写者做出非真实状况的作答,最后对问卷中不必要的问题进行删减,保证填写者可在25分钟左右完成作答,最后形成了适用于本研究的问卷终稿。

本问卷题项(除企业特征和受访者信息外)都是基于Likert7点量表测试调查者的主观判断,与客观情况可能会存在一定程度的测量偏差。故此我们对本问卷的填写对象做了限定,以在公司工作年限大于两年的中高层管理人员和技术管理、开发人员为主,他们相对熟悉公司日常运作、业务模式、战略发展规划。在问卷搜集过程中剔除由低层管理人员或不相关业务部门提交的样本以避免由于对问卷中所涉及信息不清楚而出现的误差。我们在问卷中还清晰承诺相关信息仅作为学术研究之用,如果被调查者对我们的研究有更进一步的兴趣,可以通过邮件方式与我们联系获取研究成果,进一步提升调查者对问卷回答的意愿。

5.2 变量测量

量表设计的科学性和表达的准确性是保障本研究的结论科学可信的基础。本研究中涉及的变量包括:企业社会责任行为、政治关系、商业关系、技术能力、营销能力、竞争强度、市场不确定性、法律无效性和企业创新。我们针对以上变量分别设计多个题项进行测量,被调研对象要求根据所在企业实际情况进行填写。除企业特征变量(企业规模、企业性质、成立年限、研发投入占比以及所处行业)之外被访问者都将在1—7之间进行选择,分别代表1—非常不同意,2—基本不同意,3—

不太同意,4-不太确定,5-部分同意,6-基本同意,7-非常同意。

5.2.1　企业创新的测量

企业创新的测量多种多样,有研究用企业创新绩效来测量的,也有使用产品创新性来测量,但本文中企业创新反映了企业从利益相关者处获取信息、资源等社会资本,并转化为企业能力最终影响企业创新的整个过程。因此本文中企业创新包含了企业对新产品的创新投入和创新产出两方面内涵。综合(Li 和 Atuahene-Gima,2002)以及(Zhou 和 Wu,2010)的测量,本文使用四个测量构架来衡量企业参与和开发新产品的程度。

5.2.2　企业社会责任行为的测量

对于企业社会责任行为的测量,本文主要评价企业在满足各利益相关者的期望的程度。按照(Homburg 等人,2013)文中的量表,研究问题表述为企业积极关注各利益相关者的期望与诉求,包括重视商业伦理、产品安全、雇员工作环境和企业慈善行为。

5.2.3　社会资本的测量

正如(Li,PoPPo 和 Zhou,2008)指出的那样,企业的政治关系和商业关系是社会网络的一种类型,反映了企业如何从外部获得社会资本。本文借鉴(Shen,Zhou 和 Li,2011)的量表,政治关系是衡量企业与各级政府部门的关系;商业关系是衡量企业与商业合作伙伴及其他企业的关系。

5.2.4　企业能力的测量

企业能力是一个较为复杂和抽象的概念(Dutta 等人,2005)。它衡量的是企业通过配置资源以期达到预定目标的效率(Mahmood 等人,2011)。企业能力和某些特定领域或职能部门有关联,例如人力资源管理能力、信息系统能力、资本运作能力、技术能力和营销能力(Krasnikov 和 Jayachandran,2008)等。由于技术能力和营销能力与企业创新相关性较大,且在学术研究中经常作为两类重要的企业能力成对出现(Song 等人,2007;Su 等人,2012;Zhou 等人,2014)。因此,本文借鉴(Zhou 和 Wu,2009)的量表测量企业的技术能力,而企业营销能力的测量我们使用的是(Song 等人,2005)里的量表。

5.2.5　市场环境的测量

目前企业所处大的经济环境表现为产业竞争日趋激烈,消费者需求变化较大。因此,本文测量了所处市场的竞争强度和市场不确定性。本文参考(Jaworski 和 Kohli,1993)使用的量表,并根据中国情景做了相关修改。最终,竞争强度用 3 个题项测量市场竞争激烈程度;而市场不确定性使用2个题项测量反映顾客需求和偏好的变化及预测难度。

5.2.6 控制变量的测量

企业规模。根据巴尼的资源基础观,不同企业会根据其所拥有的资源决定其战略的选择(Barney,1991)。而大型公司由于其能够收集更多资源(Penrose,1995;Chen和Hambric,1995)所以开展企业社会责任行为的意愿也更高。通过对企业估摸测量的文献综述回顾,我们发现大部分的研究通常采用员工总人数这个指标来测量企业规模。(Peng等人,2015)研究发现企业规模越大,其环境和经济绩效也越好。而(张西征等,2013)则用企业规模作为企业内部资源的控制变量,对企业规模如何影响创新投入进行了研究。因此,本文中也选择用员工总人数对企业规模这个控制变量进行测量。

企业年龄。企业成立年限越长表明其所积累的经营经验和资源也越多,由于不同年龄的企业在生命周期中所处的阶段有着不同的成本结构,建立时间越久的企业建立社会网络获取社会资本也相对更加容易。王峰(2011)对中国经济普查的二手数据进行分析发现企业成立年限对其生存能力影响显著,而李寅龙(2015)对184家上市公司3年间面板数据的研究表明,企业成立年限对其行为方式有显著影响。因此,本文同样对将企业年龄作为控制变量,用企业成立年限进行测量。

企业性质。由于中国国情的特殊性,企业不同的所有制性质也会对企业创新有不同的评价和考量方式,因此我们控制了企业所有制形式,设置虚拟变量,1表示国有企业;2表示民营企业;3表示其他所有制企业。

研发强度。该指标对企业创新至关重要,企业对新产品开发进行资源投入的意愿会显著影响其创新绩效。因此本文也将研发强度作为控制变量,使用研发支出占营业收入比重来测量研发投入强度。

5.3 数据收集与样本特征

5.3.1 数据收集

由于本文中大部分构建很难通过二手数据得到,因此通过问卷调查的方式获取样本与数据。样本来源于两方面:一是在本校经济管理学院进行MBA、EMBA、EDP项目学习的企业高管校友。在学院EMBA、MBA和高管培训办公室工作人员协助下,我们首先对目前在校修读课程的企业高管所属行业进行筛选(剔除非制造业类的企业),最后从 2014、2015、2016 三届在读校友中筛选出了符合条件的企业中高层管理人员共 82 人。这些企业高管所在行业涉及化工、机械、消费品、食品加工、医药、钢铁等制造大类。我们在课程午间休息时间现场发放问卷以保证时间的充裕性,同时我们还要求企业高管现场填写完成问卷以保证问卷填写的质量,因此共回收问卷 78 份。我们剔除其中数据缺失的无效问卷后,获得有效问卷 62 份。

此外,我们还通过国内大型数据调研公司零点研究咨询集团的企业数据库获取了 400 家制造业企业样本。我们向这些企业通过邮件的方式发放了 400 份问卷,并承诺最终撰写研究报告来反馈这些企业以鼓励企业参与。我们要求问卷填写对象为企业高层管理人员(包含董事长、总经理、运营和财务部门负责人等)和中层技术管理人员。为消除企业高层管理人员对我们可能泄露公司信息的顾虑,我们在邮件最后向其做了严格的信息保密保证,并承诺如企业有需求可签订保密协议。最终有 214 家企业愿意参与并向我们返回了填写好的问卷,除数据不完全的无效问卷以外,我们还剔除了部分填写者包括加入公司年限不到 1 年或者工作职位非目标职位的样本共 64 份,最终有效的数据样本为 150 个。综上,在历时 6 个月的数据收集过程中,我们共发放问卷 480 份,回收的有效问卷数为 212 份,有效回复率为 44.2%。

5.3.2 数据整理

由于向本校经济管理学院企业高管学院发放问卷为纸质版而从数据调研公司回收的问卷是电子版,我们为避免录入过程中可能出现的差错,专门找了两名硕士研究生同时录入,然后将两人录入结果进行比对,针对两人录入有出入的地方与原始问卷进行核查,如果是录入错误则直接进行修正。若是因为问卷原件的填写模糊或存在歧义,则通过电话方式回访填写人确认最终结果。

5.3.3 样本描述

表 5-1 反映了样本特点描述。经样本统计分析,本研究发现 212 家企业从成立年限来看,小于 3 年的仅占到 0.5%,3 年到 5 年的占 2.4%,5 年到 10 年占到 16.5%,10 年到 20 年占到 51.4%,大于 20 年的为 29.2%。这表明绝大部分参与调研的公司成立时间都很长;从企业总部位置来看,24.06% 的企业都处在华北地区,8.96% 的企业来自中部地区,东南部沿海地区占到 40.57%,而来自东北和西南地区的企业也分别占到了 14.15% 和 11.79%,基本涉及中国的各大区域,对中国的制

造业企业有一定的代表性。从企业规模来看,小于100人的企业仅占到全部样本的5.7%,而100—500人规模的企业占到51.4%,500—1000人规模的企业占到22.6%,这两类规模的企业占到总体样本量的70%以上,反映出本研究所选取的企业样本以大中型企业为主,该类型企业通常已经跨越了初创期仅注重经营绩效的阶段,比较适合本文的研究命题。从企业所有者性质看,问卷来源的企业中有20.3%为国有企业,而民营企业占到45.3%,其他所有制(中外合资、外商独资等)占到34.4%,总体分布较为平均,同时也反映出中国民营企业数量庞大的现状。除此之外,由于我们在搜集问卷时对问卷填写者做了职位级别上的要求,所以受访者职位统计中企业高层管理人员占据82.5%的绝对比例,其余的技术人员、专业管理人员和技术管理人员占比为7.5%、7.5%和2.5%。由于职位限制的原因,受访者的工作年限普遍较长,5—10年占比为32.5%,大于10年的占比为46.2%,全部样本的平均工作年限为7.72年(该年限由于统计口径为在现单位工作年限,考虑跳槽等原因实际工作年限应更长),这意味着本研究的受访者对企业开展社会责任行为通常会有较为深刻的认识。最后,我们针对R&D投入占企业营业收入比重的指标统计进行分析,发现占比在3%~5%和5%~10%这两档的企业达到全部样本的70%以上,这也意味着本研究中大部分的调研样本企业在研发创新的投入上都达到了中国最新的高新技术企业认定标准[①]。

表5-1 样本企业及受访者特征

1. 企业成立年限		2. 企业总部位置	
・小于3年	0.5%	・华北地区	24.06%
・3~5年	2.4%	・中部地区	8.96%
・5~10年	16.5%	・东南沿海地区	40.57%
・10~20年	51.4%	・东北地区	14.15%
・大于20年	29.2%	・西南地区	11.79%

---

① 2016年1月29日,科技部、财政部、国家税务总局以国科发火〔2016〕32号印发最新修订的《高新技术企业认定管理办法》。其中第三章"认定条件与程序"中的第五条要求符合条件的高新技术企业近三个会计年度(实际经营期不满三年的按实际经营时间计算,下同)的研究开发费用总额占同期销售收入总额的比例必须符合如下标准:1.最近一年销售收入小于5 000万元(含)的企业,比例不低于5%;2.最近一年销售收入在5 000万元至2亿元(含)的企业,比例不低于4%;3.最近一年销售收入在2亿元以上的企业,比例不低于3%。

3. 员工总数		6. 工作年限	
• 小于 100 人	5.7%	• 小于三年	7.5%
• 100～500 人	51.4%	• 3～5 年	13.7%
• 500～1000 人	22.6%	• 5～10 年	32.5%
• 1000～5000 人	7.1%	• 大于 10 年	46.2%
• 大于 5000 人	13.2%	7. 研发投入占营收百分比	
4. 企业所有制性质		• 小于 1%	4.2%
• 国有企业	20.3%	• 1%～3%	16.0%
• 民营企业	45.3%	• 3%～5%	42.0%
• 其他所有制企业	34.4%	• 5%～10%	29.2%
5. 受访者职位		• 大于 10%	8.5%
• 一线技术人员	2.4%		
• 专业管理人员	7.5%		
• 技术管理人员	7.5%		
• 高层管理人员	82.5%		

5.3.4 样本可靠性检验

未返回偏差（Non-response Bias）是问卷调研方法中可能对样本可靠性产生影响的主要问题。未返回偏差（Non-response Bias）指的是由于调研问卷回收的样本与原本要考察的总体（随机样本群体）在统计分布上存在着一定统计意义的差异，因此可能无法正确代表总体样本分布。学术界对于未返回偏差的处理方法主要是通过将调研后未回收的问卷或者由于数据不完全的问卷看作"未回应"问卷组，将其与所回收的问卷基于包括企业规模、成立年限、发展阶段等变基本变量数据进行 t 检验（Acemoglu 和 Johnson，2005），看两组数据在各个题项上是否有显著差异（P 值小于 0.05）。在本研究中我们对未回复的企业特征信息进行整理，并与回收的 212 份有效问卷进行比对，通过对企业规模、成立年限、所有制类型等方面的数据进行 t 检验发现的两者不存在显著的未返回差异（P 值均大于 0.1），因此此次调研问卷回收的样本有较好代表性，没有明显的未返回偏差问题。

5.4　研究方法

本研究用问卷调研法,将使用 SPSS22.0 统计软件、Smart-PLS 结构方程模型对相关数据进行描述性统计、信度效度检验、相关系数分析以及理论模型的路径分析和假设检验。

5.4.1　描述性统计分析原理

描述性统计分析通常作为最初步的样本分析,对研究涉及的所有变量的均值、标准差、偏斜度、峰度等基本情况,我们采用 SPSS 19.0 工具对其进行统计以观测样本数据的整体结构和分布状况,以便进行更进一步的统计分析。

5.4.2　相关分析原理

相关分析是为了对各被研究变量之间可能存在的依存关系进行大致的了解,本研究中运用 SPSS 19.0 对企业社会责任、商业关系、政治关系、技术能力、营销能力、企业创新等变量间的 Pearson 相关系数进行计算,考察各变量间存在怎样的依存关系,并对各个变量间的相关联程度的显著性进行观察。

5.4.3　信度和效度分析

信度反映了量表的可靠性(即在多少程度上避免随机误差的产生),这种测量的稳定性和一致性能够在很大程度上保证研究结果的可预测性。信度的度量指标中最重要的是内部一致性指标,这反映了不同测项在测量同一属性时的同质性,本研究中运用 SPSS 19.0 针对每个变量的问卷数据计算其克朗巴哈系数(Cronbach's α)值来衡量。

效度是对问卷测量的真实性和准确性进行衡量的标准(徐淑英等,2012),它能够反映出问卷中所包含的测项是否真实测量了它想要观测的实际状况。本研究中主要采取验证性因子分析来考察问卷效度,通过计算各题项的平均提取方差值(AVE)和复合信度(CR)来判断。

5.4.4　模型路径分析和假设检验

基于上述分析,最后我们将对搜集的问卷数据进行实证分析,以验证基于理论模型的相关假设。本研究中我们将采用 Smart-PLS 2.0 软件通过偏最小二乘法来进行路径分析和调节效应的分析,通过对路径系数的显著性进行观察来判断假设是否成立。

5.5　本章小结

本章内容针对研究方法进行设计,对问卷开发、变量测量开展了较为详尽的说明。此外还对问卷数据的搜集、整理过程以及样本特征进行描述分析。最后,我们对本研究中采用的各类研究方法进行总体性介绍,包括了描述性统计分析、相关系数分析、信度和效度分析以及结构方程模型中的偏最小二乘法路径建模。

6. 模型检验和实证研究

结合上一章中对整体研究设计和研究方法的阐述,本章将利用 SPSS19.0 和 SMART-PLS 等统计软件对问卷调研数据进行分析,进而对前文提出的假设进行实证检验。最后,通过将实证分析与产业实践相结合,本章内容还将试图探寻出企业履行社会责任行为对企业创新的内在影响机理。

6.1 信度和效度分析

6.1.1 数据精炼

数据精炼也叫指标净化,一般在计算信度和效度前要必须对原始指标进行净化来去除"垃圾测量题项"(Churchill,1979)。具体的指标精华可分为测量项目的相关度分析(item-to-total correlation analysis)以及单一维度(unidimensionality)检验。

6.1.1.1 测量项目的相关度分析

测量项目相关度指的是对于同一个构建的项目测量而言,所有项目间的相关系数。这些项目间的相关度越高,则说明这个构建的各指标间的耦合性比较好。在本文中我们使用了修正后的项目总相关系数(CITC)作为净化测量项目,进行数据精炼的基础。一般来讲经验临界值为 0.4,当某一个指标的 CITC 低于 0.4,则说明这个指标不能与其他指标结合起来共同反映这个构建,因此需要提出该指标。本研究基于 SPSS22.0 对各个指标的 CITC 进行测算并剔除了一部分与其他同一构件耦合不好的指标。

6.1.1.2 单一维度检验

单一维度性指的是某一个项目只能反映唯一的构件,如果同时反映几个构件是不可以的。对单一维度性进行检验要求项目对所测度的构件有较高的因子负荷(理想值为 0.7 以上,最小不能低于 0.5),因子负荷值低于 0.5 的项目应予以删除。

本研究采用探索性因子分析(Exploratory Factor Analysis)中最大方差正交旋转与最大似然法对每个构件中的项目分别开展单一维度性的测量,将因子符合低于0.5的项目剔除。随后,我们还剔除了在探索性因子分析(EFA)中一些落在其他因子上的题项,由于单一维度性要求任意项目之间都不能存在交叉载荷(cross factor loadings),所以这类题项也必须作为不合格题项删除,否则可能会造成多重共线性的问题。通过以上步骤,我们将不符合要求的题项删除后,在 Lisrel 软件中进行验证性因子分析(CFA),($\chi^2 = 727.14$, $df = 322$, $\chi^2 / df = 2.26$, Comparative Fit Index (CFI) = 0.93; Incremental Fit Index (IFI) = 0.93; Goodness of Fit Index (GFI) = 0.82; Root Mean Square Error of Approximation (RMSEA) = 0.077),结果表示测量模型对于数据有着比较良好的拟合度。

6.1.2 测量信度

信度(Reliability)是评价测量结果稳定性、一致性以及可靠程度的重要指标,具体来说,它指的是用同一种测量方法对目标变量进行重复测量后所得结果的一致性,美国心理学会(American Psychological Association,1985)把它定义为"测量结果免受误差影响的程度"。学术界衡量信度的常用指标大致有复本信度、分半信度、重测信度和信度系数四种,由于前三者对于问卷调研方式实用性不强,因此本研究中我们选择信度系数法来反映测量的信度。信度系数法是通过计算克朗巴哈 α(Cronbach's α)来对构件的信度进行测量。通常来说,可靠性程度高的测量中,反映同一个构件的多个项目必须是高度相关的。克朗巴哈 α 系数就是反映这些项目之间相关程度的量化指标,反映了测量的内部一致性。尽管 α 系数越高越能表现测量信度的可靠性,但一般来讲大于 0.7 测量的可靠性就足够被接受了(Cronbach,1951),甚至针对一些新的构件,(Nunnally,1978)认为将标准降低到0.6 也是完全能够接受的。在本研究中,尽管大部分的变量的测量都来源于顶级期刊过去的经典研究,如企业社会责任、商业关系、政治关系、营销能力、技术能力、企业创新等,但由于研究的大背景是中国制造业的战略管理情景,我们对量表翻译过程中也做了适当的调整和修改,所以在本研究中选择克朗巴哈 α 系数大于等于0.60 作为检验变量测量的内部一致性的评价标准也是可以接受的。如表 6-1 所示,本研究中所涉及的所有变量的克朗巴哈 α 系数均大于 0.70,因此可以表明本研究采用的变量都具有比较高的内部一致性,也反映出问卷测量具有良好的信度。

表 6－1　构建测量及信度效度检验

构建及测量指标	描述	Cronbach's α	Loading	AVE	CR
企业创新（FI）	FI1	0.823	0.776	0.630	0.871
	FI2		0.845		
	FI3		0.784		
	FI4		0.767		
企业社会责任行为（CSR）	CSR1	0.682	0.710	0.512	0.816
	CSR2		0.823		
	CSR3		0.730		
	CSR4		0.600		
	CSR5		0.744		
	CSR6		0.666		
政治关系（PT）	PT1	0.766	0.782	0.597	0.816
	PT2		0.743		
	PT3		0.792		
商业关系（BT）	BT1	0.712	0.720	0.529	0.817
	BT2		0.632		
	BT3		0.801		
	BT4		0.746		
技术能力（TC）	TC1	0.738	0.635	0.570	0.840
	TC2		0.786		
	TC3		0.759		
	TC4		0.824		
营销能力（MC）	MC1	0.837	0.805	0.620	0.765
	MC2		0.769		
竞争强度（CI）	CI1	0.803	0.692	0.579	0.804
	CI2		0.770		
	CI3		0.817		
市场不确定性（MU）	EU1	0.748	0.783	0.694	0.819
	EU2		0.880		

6.1.3　测量效度

效度（validity）反映了测量能有效、全面、准确反映出变量真实含义的程度，主要从内容效度（content validity）和结构效度（construct validity）这两方面进行评价。

内容效度反映了变量能够在多大程度上对于所测量事物所包含的本质和范围进行表现（Churchill，1979），通常以主观定性的判断方式而非数学统计方法对其进行衡量。在本研究中，我们对相关变量进行测量所采用的量表主要从顶级学术期刊中经典英文量表翻译而来，同时研究者考虑到中国情境的特殊性，在预调研的过程中与在企业社会责任、企业创新的研究和实践领域具有丰富经验和背景的学者及管理人员进行了交流，这一定程度上保证了问卷中测量题项的合理性，以及对于本研究所涉及的相关问题和测量概念表达的清晰性和完整性。此外，在调研开始前，我们在每份问卷封面上注明本次问卷调研的目的，并在企业管理人员填写前进行五分钟的说明和填写指导，对问卷中相对学术化程度较高容易引起理解歧义的题项进行解释。同时，我们还向问卷填写者承诺对问卷填写结果进行保密，以上这些举措都在一定程度上有效地保障本研究中所涉及的相关变量测量的内容效度。

结构效度反映了问卷中某个指标能够在怎样的水平上对于所测量的结构变量进行刻画，包含聚合效度（convergent validity）、区分效度（discriminant validity）这两种。聚合效度通常采用路径值（loadings）或者平均方差提取值（Average Variance Extracted，AVE）这两种指标的大小来衡量。通过路径值法对聚合效度的优劣进行判断是通过检测每个指标在其所测量的变量上路径值在相对的可靠性水平（例如 95%）下的显著性来看的。通常认为 Loading 值大于 0.70 时变量的收敛效度是可以被接受的（Fornell 和 Lacker，1981），但是由于社会学领域的概念测量存在比较大的难度，（Mackinnon 等人，2002）认为将 0.70 的边界条件下降到 0.40 也是可取的。表 6-1 中列出了每个指标在其所测量的变量上的路径值，所有路径值均大于（0.60），这表明研究所测量变量的指标收敛效度具有显著性。此外，我们还可以用平均方差提取值（AVE）大小来对聚合效度进行判断，（Fornell 和 Lacker，1981）认为大于 0.50 的 AVE 值说明变量的聚合效度是可以接受的，但同样有学者认为该标准可以放低到 0.40 的界限。表 6-1 中显示本研究中所有涉及的变量的 AVE 值均大于 0.5，因此我们认为该研究对变量的测量量表具有较好的聚合效度。

区分效度是对不同变量之间测量的独立程度的反映。本研究采用如下方法衡量区分效度：比较变量的 AVE 平方根和该变量与其他任何一个变量相关系数比较，如果 AVE 的平方根大于相关系数，则表明变量具有良好的区分效度（Fornell 和 Larcker，1981）。相关系数表 6-5 对角线上为 AVE 的平方根，可以看到 AVE 的平方根均大于下方的相关系数，表明各变量之间区分效度明显。

此外，本研究进行了验证性因子分析（CFA），通常认为模型拟合较好的 χ^2/df 值在 1-3 之间，而 Comparative Fit Index（CFI）值大于 0.90，Incremental Fit Index（IFI）值大于 0.90，Root-Mean-Square Error of Approximation（RMSEA）在 0.05-0.08 之间。而本研究的探索性因子分析结果显示：$\chi^2=727.14$，$df=322$，$\chi^2/df=2.26$，Comparative Fit Index（CFI）= 0.93；Incremental Fit Index（IFI）= 0.93；Goodness of Fit Index（GFI）= 0.82；Root Mean Square Error of Approximation（RMSEA）= 0.077，所有指标均符合上述标准，仅有 GFI 值低于通常要求的大于 0.90 的标准，但（Papke 等人，2002）的研究表明 GFI 值如大于 0.80 的标准也是可以被接受的。因此在整体模型适配性方面，各因子具有良好的信度和效度

6.1.4 共同方法偏差

共同方法偏差（common method variance）是指由于数据来源、问卷填写者、测量环境以及测量本身等原因导致预测变量和效标变量间人为共变性（Podsakoff 和 Organ，1986），这种共变性会让变量间所测量出的关系与其实质关系的偏误比系统性偏误原因导致的要大或小。在本研究中，鉴于雷恩（Reinh，2011）研究认为当实证模型中有交互作用时，共同方法偏差对实证结果的影响会被削弱，而本研究中考虑了市场不确定性和竞争强度与企业履行社会责任行为的交互作用对企业获取社会资本的影响，从而在一定程度上减少了共同方法偏差对实证结论的影响。其次，为进一步确认本研究中存在明显的共同方法偏差，我们采用波德萨阔夫（2003）推荐的哈曼（Harman）单因子检验，将全部测量题项放在一起进行未旋转的探索性因子分析（EFA），分析结果如表 6-2 所示。可以看出结果并未出现一个单因子或者一个因子可以解释大部分的偏差，单一成分对总方差的解释比例最大只有 26.805%，意味着本研究共同方法偏差问题不严重。

表6-2 Harman单因检验结果

成分	初始特征值			平方载荷提取总和		
	总和	占方差比	累计占比	总和	占方差比	累计占比
1	7.773	26.805	26.805	7.773	26.805	26.805
2	2.648	9.130	35.935	2.648	9.130	35.935
3	1.774	6.116	42.051	1.774	6.116	42.051
4	1.526	5.261	47.311	1.526	5.261	47.311
5	1.231	4.243	51.554	1.231	4.243	51.554
6	1.152	3.972	55.526	1.152	3.972	55.526
7	1.061	3.657	59.184	1.061	3.657	59.184
8	.994	3.429	62.612			
9	.901	3.108	65.720			
10	.858	2.960	68.680			
11	.834	2.875	71.555			
12	.780	2.688	74.243			
13	.703	2.423	76.667			
14	.668	2.303	78.970			
15	.606	2.089	81.059			
16	.577	1.989	83.047			
17	.547	1.887	84.934			
18	.527	1.818	86.752			
19	.495	1.705	88.457			
20	.454	1.564	90.021			
21	.430	1.481	91.502			
22	.410	1.414	92.917			
23	.372	1.284	94.200			
24	.363	1.250	95.451			
25	.327	1.128	96.578			
26	.296	1.021	97.600			
27	.263	.909	98.508			
28	.233	.803	99.311			
29	.200	.689	100.000			

6.2 描述性统计分析

通常描述型统计分析是用来衡量模型中所涉及各个变量的均值、标准偏差、偏斜度和峰度等指标。通常在数据分析前需要通过描述型统计分析来开展正态性检验。根据过往的研究,当偏斜度的绝对值都小于3,而峰度的绝对值都小于10的情况下,我们可以认为样本基本符合正态分布。

表6-3 各变量测量的描述性统计资料

测量条款	样本量	均值	标准差	偏斜度		峰度	
	统计量	统计量	统计量	统计量	标准误差	统计量	标准误差
csr_1	212	5.75	1.033	−.898	.167	1.068	.333
csr_2	212	5.59	1.354	−.849	.167	−.136	.333
csr_3	212	5.88	1.071	−.837	.167	.259	.333
csr_4	212	5.83	1.160	−1.099	.167	1.475	.333
csr_5	212	5.41	1.420	−1.256	.167	1.578	.333
csr_6	212	5.59	1.279	−1.264	.167	1.927	.333
Btie_1	212	5.80	1.102	−.812	.167	.146	.333
Btie_2	212	5.83	.999	−.737	.167	.361	.333
Btie_3	212	5.46	1.094	−.570	.167	−.009	.333
Btie_4	212	5.46	1.233	−.832	.167	.366	.333
Gtie_1	212	5.74	1.145	−.892	.167	.517	.333
Gtie_2	212	5.86	1.122	−.672	.167	−.333	.333
Gtie_3	212	5.68	1.277	−1.031	.167	.633	.333
uncertain_1	212	5.46	1.241	−.875	.167	.543	.333
uncertain_2	212	5.48	1.198	−.764	.167	.290	.333
competitive_1	212	5.80	1.057	−1.201	.167	3.059	.333
competitive_2	212	4.85	1.698	−.865	.167	−.254	.333
competitive_3	212	5.00	1.736	−.631	.167	−.673	.333
tech_1	212	5.51	1.051	−.545	.167	.461	.333
tech_2	212	5.49	1.210	−.561	.167	.170	.333

（续表）

测量条款	样本量	均值	标准差	偏斜度		峰度	
	统计量	统计量	统计量	统计量	标准误差	统计量	标准误差
tech_3	212	5.59	1.191	−.963	.167	.846	.333
tech_4	212	5.55	1.285	−.876	.167	.184	.333
Market_1	212	5.72	1.158	−.816	.167	.130	.333
Market_2	212	5.66	1.101	−.866	.167	.708	.333
innovation_1	212	5.46	1.221	−1.023	.167	.917	.333
innovation_2	212	5.43	1.216	−.898	.167	1.482	.333
innovation_3	212	5.58	1.362	−.852	.167	.162	.333
innovation_4	212	5.44	1.285	−.875	.167	.626	.333

根据表 6-3,可计算得到企业创新、企业社会责任行为、商业关系、政治关系、技术能力、营销能力、市场不确定性和竞争强度这些变量的平均值分别为(5.478、5.675、5.638、5.760、5.535、5.690、5.157、5.217),标准差分别为(1.285、1.220、1.107、1.181、1.184、1.130、1.301、1.497)。同时,所有测量变量的偏斜度绝对值均小于 3,而峰度绝对值明显都远小于 10,因此数据正态分布,有利于后续统计分析。

6.3　相关性分析

相关分析的主要目的是对各变量间可能存在的互相影响关系进行检查,通过该分析能够对研究的假设和模型的合理性进行初步判断。研究中我们使用 SPSS22.0 对模型中所有变量做了描述性统计分析和 Pearson 双尾检验。根据以往的研究,变量间相关性是随机变动的,而仅当两变量间相关程度正态分布时,我们可以采用双变量 Pearson 正太分布的分析方法。基于变量之间不同的相关程度,分别在四个象限中分为正相关、完全正相关、负相关和完全负相关,而当 Pearson 相关系数 r 的绝对值大于 0.6 时,我们认为两变量间存在线性强相关。

表6-4 皮尔森相关系数及相关性对照表

Pearson(r 或 P x,y)	相关性	取值范围
皮尔森相关系数 |r|值	强相关	0.6—1.0
	中等相关	0.4—0.6
	弱相关	0.2—0.4
	较弱相关	0.0001—0.2
	无相关	0

根据表6-5所示,企业创新与技术能力和营销能力的相关系数分别为0.645和0.578,技术能力与商业关系和政治关系的的相关系数分别为0.378和0.344,营销能力与商业关系和政治关系的相关系数分别为0.536和0.402;企业社会责任行为与商业关系和政治关系的相关系数分别为0.568和0.488,且以上都在0.01的置信水平下显著。此外,我们看到技术能力和企业创新之间的Pearson相关系数达到0.6以上,属于强相关程度。其他变量之间的相关系数也都在0.4—0.6之间,属于中等相关,这表明以上变量之间存在较为紧密的关联性,初步验证了本研究的假设1、2、3、4、5、6、7和8。尽管相关分析的结果初步证明本研究中相关假设的合理性,同时表明变量间相关性是显著的,但是变量纸质件是否存在因果关系还需要进一步验证。我们在下一节中对假设进行更进一步的验证分析。

表6-5 变量均值、标准差及相关系数表

变量名称	企业创新	技术能力	营销能力	商业关系	政治关系	企业社会责任行为	市场不确定性	竞争强度	企业规模	企业年限	R&D投入占比	企业性质
1.企业创新	**0.794**											
2.技术能力	0.645**	**0.755**										
3.营销能力	0.578**	0.495**	**0.787**									
4.商业关系	0.407**	0.378**	0.536**	**0.727**								
5.政治关系	0.271**	0.344**	0.402**	0.442**	**0.773**							
6.企业社会责任	0.385**	0.324**	0.526**	0.568**	0.488**	**0.716**						
7.市场不确定性	0.341**	0.391**	0.330**	0.342**	0.212**	0.303**	**0.833**					
8.竞争强度	0.407**	0.424**	0.452**	0.371**	0.264**	0.333**	0.393**	**0.761**				
9.企业规模	-0.174^*	-0.333^{**}	-0.101	-0.009	0.035	0.244**	-0.164^*	-0.307^{**}	1			
10.企业年限	0.016	0.045	0.203**	0.377**	0.343**	0.441**	0.085	0.185**	0.386**	1		
11.R&D投入占比	0.354^*	0.210**	0.285**	0.399**	0.161^*	0.437**	0.095	0.075	0.240**	0.282**	1	
12.企业性质	0.102	0.085	0.024	0.019	0.070	0.126	0.064	0.040	$-.083$	0.017	0.180**	1
平均值	5.480	5.534	5.589	5.636	5.761	5.677	5.159	5.219	2.710	4.070	3.22	2.14
标准差	0.977	0.864	0.890	0.753	0.878	0.791	0.803	1.163	1.123	0.770	0.959	0.728

注:N=212, * 表示 $P<0.05$, ** 表示 $P<0.01$。

6.4　模型假设检验分析

本节主要对模型假设的验证进行探讨。尽管上一节中的相关性分析一定程度上证明了变量间存在显著性相关,但是并没有清晰阐明变量之间的内在影响机制和因果关系。因此,在本研究中我们采用结构方程模型的方法,采用 Smart PLS 2.0 软件对企业社会责任行为、企业社会资本、企业能力对企业创新的影响机制以及市场不确定性和竞争强度等影响因素进行探讨和研究。

6.4.1　结构方程模型构建

结构方程模型是能够同时对多个变量的关联进行统计分析的方法。相较于回归分析,结构方程模型具有考虑和处理多个变量的优势。结构方程模型主要通过对因子分析以及路径分析这两种统计方法进行整合,对模型中涉及的潜变量、观测和误差变量进行分析和检验。这种方法适用于不同样本量的研究并能够提供多种统计指标供参考。目前,线性结构关系(LISERL)和偏最小二乘法(PLS)路径建模在学术界是采用率比较高的两种结构方程模型估计方法。

6.4.2　PLS 路径建模

偏最小二乘法(Partial Least Square,PLS)思想的首次提出是(Herman, 1966)在其关于主成分分析的学术论文中,该方法是对我们所熟知的最小二乘法的拓展,它通过对问卷数据的筛选和分解,提取出对因变量解释能力最强的综合变量,同时将多重相关信息和没有解释意义的信息进行剔除。

Herman 在其 1979 年的论文中对 PLS 方法如何运用于潜变量的路径模型中进行了阐述,他针对结构方程中较为常用的极大似然协方差建模法(LISERL)所需过多的硬性条件(样本量尽可能大且符合严格的分布假设)进行批驳,认为 PLS 相对柔性(样本量相对可以较少暂且不用考虑样本分布)。而针对 PLS 方法,实质上包含了"PLS 回归"和"PLS 路径分析"这两种。我们在本研究中采用的是目前在构建模型中更适用的 PLS 路径分析建模法,它是由 Herman 在 1985 年提出的一种将主成分分析(PCA)、典型相关分析(CCA)以及其他多元统计回归方法结合的迭代估计,不仅能够将自变量系统中所包含的信息进行概括,还对因变量有非常好的解释力度。这种方法将潜变量当中显变量子集进行主成分抽取后放入模型,并调节主成分权重以达到模型预测能力最大化的目标。因此,根据文献梳理、研究假设及上一节中相关性分析的结论,我们构建了如图 6-1 的研究模型。

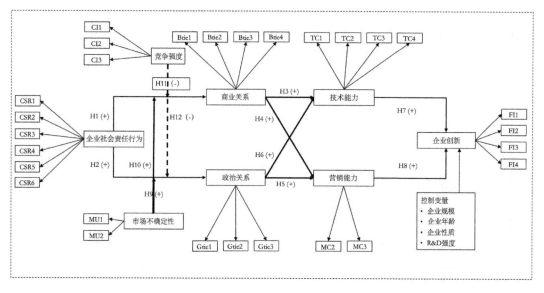

图6-1 本研究结构方程分析模型

6.4.3 模型拟合指数分析

本研究采用 SmartPLS 2.0 M3 软件中所提供的模型效度指标来评价该模型的拟合效果和解释力度。其中最主要的是多重相关系数平方（R^2）和冗余（redundancy）。

多重相关系数平方（R^2）是 PLS 路径建模中最为重要的评价模型内部关系的解释效果的指标。R^2的数值越大说明内生潜变量未被模型解释的方差越小。根据（Chin，1998）的研究结论，R^2大于 0.66 说明内部模型拟合效果非常优秀，R^2介于 0.35—0.66 之间说明内部模型拟合效果还不错，而 R^2介于 0.17—0.35 之间也基本达到了一般偏弱的拟合效果，R^2低于 0.17 的内部模型可能在拟合效果上存在值得商榷的问题。而本研究模型中各相关变量的 R^2值大部分处在 0.35—0.66 区间内，模型平均值达到了 0.463（见表 6-6），因此说明内部模型拟合效果不错。冗余（redundancy）这个指标使用内部模型当中的预测解释潜变量和被预测潜变量的解释变量的平方差来衡量模型预测的效果。由于因子共同度（communality）的标准通常为大于 0.5 即可，而冗余（redundancy）值等于 R^2与因子共同度的乘积，可得到模型的冗余为 0.339，表明模型内部关系达到了标准的整体拟合效果。

表 6 - 6   结构方程模型的拟合指数分析结果

	R²	Communality	Redundancy
企业社会责任行为	0	0.724	0
商业关系	0.581	0.769	0.446789
政治关系	0.315	0.728	0.22932
技术能力	0.333	0.779	0.259407
营销能力	0.438	0.665	0.29127
企业创新	0.649	0.725	0.470525
竞争强度	0	0.703	0
市场不确定性	0	0.719	0
模型平均值	0.463	0.727	0.339

6.4.4　模型路径系数

路径分析(path coefficient)是对于模型中多个变量间因果关系及相关性强度的一种统计方法。主要目的是为了检验理论模型的中各变量存在怎样因果关系,对前文中提出的假设进行进一步的验证。由于模型中存在较为复杂的线性关系,我们通过 Bootstrapping 的检验方法基于数据模拟,仅对已有样本信息进行反复随机抽样进行检验。作为非参数检验方法,我们对调研数据选取容量为 1000 的重复抽样样本,在此基础上检验基于偏最小二乘法(PLS)构建出的结构方程模型路径系数的显著性。

表 6 - 7   结构方程模型的路径系数分析结果

	路径系数	P 值
CSR＞Btie	0.577	0.000
CSR＞Ptie	0.487	0.000
Btie＞TC	0.220	0.017
Btie＞MC	0.542	0.000
Ptie＞TC	0.240	0.001
Ptie＞MC	0.163	0.019
TC＞FI	0.604	0.000
MC＞FI	0.262	0.000

（续表）

	路径系数	P 值
CSR * MU＞Ptie	0.175	0.007
CSR * MU＞Btie	0.087	0.097
CSR * CI＞Btie	0.010	0.907
CSR * CI＞Ptie	−0.050	0.620

经过结构方程模型的检验，基于表 6 - 6、6 - 7 中的多重相关系数平方（R^2）及路径系数（path coefficient），我们结合图 6 - 2 的结构方程模型路径分析全图对本研究先前预设的假设进行分析。

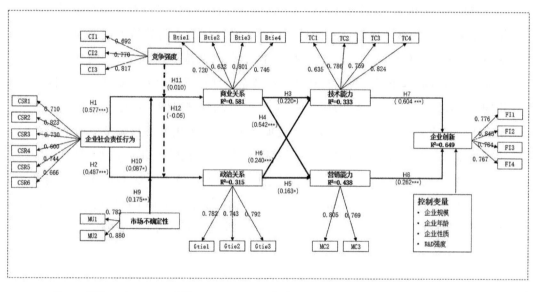

注：* 表示 P＜0.1，** 表示 P＜0.05，*** 表示 P＜0.01。

图 6 - 2　本研究结构方程模型路径分析全图

6.4.5　假设检验

由表 6 - 7 和图 6 - 2 所示，企业社会责任行为对商业关系有显著正向的影响且在 1% 的显著水平上通过统计检验（β=0.577，P=0.000＜0.01），H1 的预测得到了验证；同样的，企业社会责任行为对政治关系有显著正向的影响且在 1% 的显著水平上通过统计检验（β=0.487，P=0.000＜0.01），与 H2 的预测一致；H3 预测商业关系将对企业技术能力产生显著正向的影响，根据路径系数（β=0.220，P=

0.017＜0.05)该假设在5%的显著水平上得到了检验验证；H4预测商业关系将对企业营销能力产生显著正向的影响，根据路径系数结果($\beta=0.542$，$P=0.000<0.001$)该假设同样通过验证且在1%的显著水平上中通过检验；H5预测政治关系将对企业技术能力产生显著正向的影响，根据路径系数($\beta=0.240$，$P=0.001<0.01$)该假设在1%的显著水平上得到了检验；H6预测政治关系将对企业营销能力产生显著正向的影响，根据路径系数结果($\beta=0.163$，$P=0.019<0.05$)该假设同样通过验证且在5%的显著水平上中通过检验；同样，企业技术能力对企业创新有显著正向的影响且在1%的显著水平上通过统计检验($\beta=0.604$，$P=0.000<0.01$)，H7的预测得到了验证；企业营销能力也对企业创新产生显著正向的影响且在1%的显著水平上通过统计检验($\beta=0.262$，$P=0.000<0.01$)，与H8的预测一致。

H9、10、11和12针对市场不确定和竞争强度这两个变量调节效应的预测。从模型结果来看，市场不确定性正向调节企业社会责任行为与政治关系之间的正向关系($\beta=0.175$，$P=0.007<0.01$)，这与H9的预测保持一致且在1%的显著水平上通过检验；同时，市场不确定性还正向调节企业社会责任行为与商业关系之间的正向关系($\beta=0.087$，$P=0.097<0.1$)，这与H10的预测保持一致且在10%的显著水平上通过检验。为使以上调节效应更加直观，我们采用软件将调节效应效果图绘制出来。如图6-3所示，实证结果和H9预测一致，相较于市场不确定性低的情况，在市场不确定性程度高的情况下企业社会责任行为对政治关系的正向影响更强；同样的，如图6-4所示，和H10预测一致，相较于市场不确定性低的情况，在市场不确定性程度高的情况下企业社会责任行为对商业关系的正向影响更强。

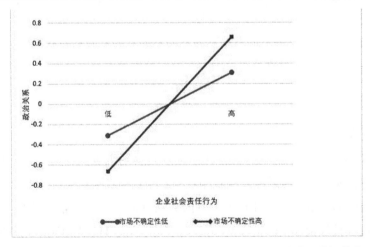

图6-3　市场不确定性对企业社会责任行为提升企业政治关系的调节作用

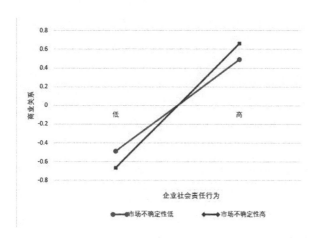

图 6-4　市场不确定性对企业社会责任行为提升企业商业关系的调节作用

H11 预测竞争强度将负向调节企业社会责任行为与商业关系之间的正向关系,但从模型结果来看,该假设未能通过验证(β=0.010,P=0.907>0.1);H12 预测竞争强度将负向调节企业社会责任行为与政治关系之间的正向关系,从模型结果来看该调节作用并不显著(β=-0.050,P=0.620>0.1),因此 H12 没有通过验证。造成这一结果的主要原因可能在于:当企业所处的行业或市场竞争强度提升的情况下,企业会面临更多的来自同行业的竞争威胁(Zheng 和 Zhou,2006)。在面临这种威胁时企业有可能会表现出更高的风险倾向,即在激烈竞争环境下企业会产生"不改变就被淘汰"的信念(Morgan 和 Strong,2003)。通常在这种情况下企业会更愿意尝试新的方法、开辟新的途径,同时忽略创新可能带来的风险。因此,企业也会更加倾向从外部(市场或政府等渠道)获取更具多样性的技术知识和市场信息来帮助企业进行创新。也就是说,市场竞争强度对企业是否会继续履行社会责任以获取政治关系和商业关系,没有表现出任何显著性影响。在激烈的市场竞争环境下,企业通常会表现出更高的风险倾向并在面临巨额收益和损失的权衡时提升自己的风险容忍度。

6.5　中介效应检验

基于结构方程模型对上述假设检验的结果,我们进一步对模型中路径之间可能存在的中介效应进行探索,分别为:①企业社会责任行为到企业技术能力;②企业社会责任行为到企业营销能力;③企业商业关系到企业创新;④企业政治关系到企业创新。如表6-8所示,通过Sobel检验,所有中介效应均显著,这证明企业社会资本(商业关系和政治关系)在企业社会责任行为和企业能力之间起到部分中介的作用,而企业能力在企业社会资本和企业创新之间起到中介的作用。以上实证结果进一步验证了从企业社会责任行为影响企业创新的内在逻辑机理和传递路径,是对企业社会责任理论内涵和意义的进一步丰富和提升。

表6-8 企业社会资本和企业能力的中介效应检验

Path	Sobel Test Statistics	Std. Error	P-value	Mediation
CSR→Btie→TC	2.27	0.056	P<0.05	Yes
CSR→Btie→MC	5.53	0.057	P<0.01	Yes
CSR→Ptie→MC	2.06	0.038	P<0.05	Yes
CSR→Ptie→TC	2.55	0.046	P<0.05	Yes
Btie→TC→FI	2.34	0.057	P<0.05	Yes
Btie→MC→FI	4.00	0.036	P<0.01	Yes
Ptie→MC→FI	2.09	0.020	P<0.05	Yes
Ptie→TC→FI	3.07	0.047	P<0.05	Yes

6.6 假设检验小结

表6-9对研究假设通过情况进行汇总,通过结构方程模型的路径分析结果可以证明,共12个假设中10个研究假设得到统计支持,另外有2个没有通过假设检验。

表6-9 本研究全部假设检验通过情况

假设编号	假设内容	实证结果
H1	企业社会责任行为对企业获取商业关系有显的正向影响	支持
H2	企业社会责任行为对企业获取政治关系有显的正向影响	支持
H3	商业关系对企业技术能力有显著的正向影响	支持

（续表）

假设编号	假设内容	实证结果
H4	商业关系对企业营销能力有显著的正向影响	支持
H5	政治关系对企业技术能力有显著的正向影响	支持
H6	政治关系对企业营销能力有显著的正向影响	支持
H7	企业技术能力对企业创新有显著的正向影响	支持
H8	企业营销能力对企业创新有显著的正向影响	支持
H9	市场不确定性会加强企业社会责任行为对政治关系的正向影响	支持
H10	市场不确定性会加强企业社会责任行为对商业关系的正向影响	支持
H11	竞争强度会减弱企业社会责任行为对商业关系的正向影响	不支持
H12	竞争强度会减弱企业社会责任行为对政治关系的正向影响	不支持

7. 结论与启示

    本章针对第六章中实证分析的相关结果进行全面讨论,结合第三章的案例研究以及已有文献,总结企业在履行社会责任行为中通过获取企业社会资本到转化为企业能力并最终影响企业创新的逻辑链条,同时分析市场不确定性和竞争强度这两个处在经济转型期的企业最常见的外部环境因素是如何调节企业社会责任行为对企业社会资本的影响。本章同时还将对实证分析结果中体现出的一些在原始假设中没有重点关注但值得讨论的问题进行分析,同时对原始假设中没有通过验证的假设进行原因分析。

7.1　主要研究结论

7.1.1　企业社会责任行为对企业社会资本的影响

    H1 和 H2 分别提出了企业社会责任行为对企业社会资本的商业关系层面和政治关系层面的影响。基于通过验证的 H1,本研究认为企业社会责任行为对企业建立商业关系有正向影响。Salancik, G. R. 和 Pfeffer, J.(1978)的研究认为企业的利益相关者控制着企业生存发展必需的资源,而基于资源的理论视角则认为能够维持企业持续性竞争优势的就是那些稀缺的、有价值的、不可模仿和替代的战略性资源(Peterraf,1993;Barney,1995)。故此,"工具性"利益相关者理论作为对现代企业实施战略性企业社会责任的延伸,对于企业针对不同类型的利益相关者履行社会责任的行为逻辑给予了充分的解释(Jones,1995)。企业社会资本中的商业关系指的是企业与其股东、投资者、供应商、渠道商、竞争者、客户等主要利益相关者之间建立的社会关系,及他们为企业带来的相关资源。企业经营过程中注重股东、投资者及债权人的需求,能够降低企业经营的不确定性,使企业投融资战略的执行更为顺畅(沈艳和蔡剑,2009);注重员工诉求的企业文化能够提升员工工作积极性和创造力,对企业发展所需的人才招聘的潜在吸引力也会得到提升;注重履行供应商及客户社会责任的企业往往能够提升其在行业内获取行业技术信息和市场需求信息的能力,此外这种社会责任行为会促使其更愿意参与到企业创新的过程中(Prahalad 和 Ramaswamy,2000),分享有价值的信息和资源。以上论述都证明企业社会责任行为对于企业与主要利益相关者建立商业关系、对其获取重要信息和资源以提升竞争力的重要作用。

总之,结合我们的实证分析案例分析和已有文献,可以总结出企业社会责任行为对企业建立商业关系有正向影响至少有如下四个方面的原因:

第一,企业对雇员履行社会责任能激发员工的责任感、自豪感、归属感和工作积极性,降低优秀员工的离职率,从而减少道德风险。同时有助于进一步招聘到更加优秀的新员工。

第二,企业对供应商和经销商或代理商履行社会责任能增加上下游企业对其的信任和信心,提升企业在整个产业链、技术链价值链中的影响力。

第三,企业对消费者履行社会责任,能提高客户对其的品牌忠诚度和消费黏性,从而减少市场波动的影响。

第四,企业对股东、投资人和债权人履行社会责任能够减少资本市场不确定性对企业经营的冲击,使各方投资人容易认同企业作为利益共同体的决策,从而在市场低迷时能够共渡难关,有助于企业的可持续发展。

企业对竞争者或同行履行社会责任能够提升其在业内的形象,有助于企业获取更加有价值的资源和信息。

因此,从中国制造业企业未来的发展来看,那些主动积极履行企业社会责任行为的企业能够获得更多企业发展必需的商业关系。

基于通过验证的假设 H2,本研究认为企业社会责任行为对企业建立政治关系有正向影响。在现有的制度背景下,政府部门仍然掌握诸多企业生存发展所需资源的分配权利(Fan,Wong 和 Zhang,2007),因此企业采取公共导向的企业社会责任行为(例如社会救济、慈善赈灾、环保公益活动等)既符合社会公众的价值观,又没有任何法律风险,是获取与政府之间非正式关联性比较好的手段(李维安,王鹏程和徐业坤,2015)。在履行社会责任的过程中,企业协助政府部门完成政治任务,同时还隐形地帮助其在地区间相互竞争中获取优势(Jin 等人,2005),是企业和政府部门的双赢。在当前政府严抓环保问题,讲求经济发展提质增效、产业结构转型升级的大背景下,对于制造业(尤其是民营企业)积极履行企业社会责任,满足政府和社会公众的需求乃是其生存和发展至关重要的因素。而从长远效应来看,

101

根据社会交换理论,企业因为履行社会责任行为投入的资源将达成政企之间的隐形契约,为企业未来发展获取资源提供了有利条件(胡旭阳,2006)。

同样结合我们的实证分析、案例分析和已有文献,可以总结出企业社会责任行为对企业建立政治关系有正向影响,至少有如下四个方面的原因:

第一,企业良好的社会责任行为能提升其在公众中的形象,政府部门在配置非市场化资源给企业时,受到的非议较少,政府部门的压力较小。

第二,企业良好的社会责任行为相当于为政府部门分担了部分社会责任,属于经济学中的创造正外部性行为,于是政府部门会在较长时期内按照外部经济内部化原理通过经济或非经济途径补偿企业。

第三,企业良好的社会责任行为能通过政府的公信力和权威放大企业的社会影响力,而这种社会影响力会转化为企业发展的资源。

第四,企业良好的社会责任行为能为其创造良好的社区环境,社区会更倾向于关心、帮助和支持积极履行社会责任的企业,这将为企业提供一个稳定而友好的发展小气候。

因此,从中国制造业企业未来的发展来看,主动实施企业社会责任战略对于企业获取政治关系有极大的推动作用。

7.1.2 企业社会资本对企业技术能力和营销能力的影响

7.1.2.1 企业社会资本(商业关系和政治关系)对企业技术能力的影响

假设 H3、H5 分别分析了企业社会资本的商业关系和政治关系对企业技术能力的影响。基于通过验证的假设 H3,本研究认为企业所拥有的商业关系能够正向影响企业技术能力。首先,企业通过与上游供应商建立良好的商业关系能够使其尽快介入产品开发的过程,对于新产品开发所需要的原材料或半成品进行定制化生产,协助企业降低新产品开发的成本并提升创新的成功率(Ragatz 和 Handfield,1997;耿新 和 张体勤,2010;Luk 等人,2008);其次,与制造业企业保持良好商业关系的企业客户,通常更愿意参与到企业产品创新研发的过程中,通过彼此异质性的资源共享和知识分享,协作式创新整合的效率会得到明显提升(Luk 等人,2008;Page 等人,2012)。同时,由于企业交易关系的多元性,企业还有可能通过客户企业获得竞争对手的动向,以提升其提前布局进行技术反制的能力(Sheng,Zhou 和 Li,2011)。另外,企业通过与内部员工建立良好的商业关系,有助于优秀员工的留存和激励进而提升员工进行技术研发和创新的动力(Turban 和 Greening,1997),同时也有助于企业对外招聘技能熟练和有创新能力的技术人员以提升企业技术能力(Kemper 等人，2013)。

基于通过验证的假设 H5，本研究认为企业所拥有的政治关系也能够正向影响企业技术能力。从提升企业技术能力的角度来看，与各级政府建立更紧密的关系和联结将会帮助企业从政府获得包括产业政策、技术信息等知识资源(Hillman 等人，1999；Thun，2006)，在经济转型的大背景下，能够更清晰地了解各级政府引导经济活动而修订的产业规划，以及相关政策红利对于企业来讲至关重要(朱秀梅和 李明芳，2011)，尤其有助于企业战略性的技术布局和研发创新。此外，政府部门掌握的土地、人才引进政策、产业补贴等稀缺性资源，也都是企业提升技术能力所必须具备的(Khwaja 和 Mian，2005)。更重要的，拥有良好政治关系的企业，更有可能通过政府中介搭建与高等院校、科研院所以及国有企业合作的桥梁，这些外部知识获取的平台对于企业技术能力的提升也是不可或缺的资源。

结合结构方程模型路径分析的实证数据来看，企业商业关系到技术能力的路径系数为 0.220*，而企业政治关系到技术能力的路径系数为 0.240***，两者相比没有明显差异，这说明企业社会资本中的商业关系和政治关系对企业技术能力提升的影响是相对均衡的，这与中国现阶段市场经济的现状也基本吻合。尽管与企业所处的社会网络中关系紧密的首要利益相关者(股东、投资人、供应商、渠道商、企业员工、客户等)建立商业关系能够帮助其获得更多行业内的技术信息、产品需求，同时有助于企业内外部资源的融合创新，但是不可否认的是，政府部门包括与政府相关的国有企业、金融部门、高校和科研院所等，也掌握了企业技术研发所需要的极为关键的资源(土地、贷款、人才引进以及税收补贴政策等)和信息(区域产业规划、产业补贴政策等)。拥有良好政治关系的民营企业更有可能通过政府去搭建与国有企业、科研院所的产学研合作，来提升自身的技术能力。因此，这两种社会资本对企业技术能力的影响能力应该是不分伯仲的，企业通常会很难在两者中做出取舍。至少在现阶段的中国，这两种分别来源市场和行政力量的资源信息对企业能力的提升都具有极大推动作用。当然，如果从企业发展的不同阶段来看，或许对于获取这两种社会资本的优先级会有所不同。

总之，结合我们的实证分析、案例分析和已有文献，可以总结出企业政商本对企业技术能力有正向影响至少有如下六个方面的原因：

第一，企业通过与上游供应商建立良好的商业关系有助于供应商早期介入企业主导的创新链条，其协同效应能降低企业创新成本并提高创新的成功率。

第二，同样道理，企业与供应链下游企业建立良好的商业关系有助于企业及时了解市场需求,主动布局研发项目以适应下游企业需求的动态变化,提高创新的效率。

第三,企业通过与上下游企业建立良好的商业关系有助于企业通过嵌入上下游企业技术研发链条并及时了解竞争对手的动向,从而能主动布局反制技术,提高市场竞争力。

第四,企业通过与内部员工建立良好的商业关系能够激发员工的主动创新精神,从而有助于凝聚一支有竞争力的创新团队。

第五,企业通过与政府部门建立良好的互动关系有助于通过政府的中介作用在产学研合作中获得异质性资源,从而不断提升创新水平。

第六,企业通过与各级政府部门建立良好的政治关系有助于企业及时了解产业政策以及各种经济专题规划信息,从而帮助企业进行战略性的技术布局和研发创新。

7.1.2.2　企业社会资本(商业关系和政治关系)对企业营销能力的影响

假设 H4、H6 分别分析了企业社会资本的商业关系和政治关系对企业营销能力的影响。基于通过验证的假设 H4,本研究认为企业所拥有的商业关系能够正向影响企业营销能力。具体来看,与供应商有良好商业关系的企业,通常在能够比竞争对手更加及时、有保障地获得更低成本的上游产品,有助于企业在营销过程中制定更低的定价策略(Heide 和 John,1992);与客户保持良好的商业关系有助于企业更早且更加准确地把握市场需求信息(Sheng,Zhou 和 Li,2011),较竞争对手更早地挖掘出新的市场机会,并制定更为完善的营销计划(Sivadas 和 Dwyer,2000)。基于通过验证的假设 H6,本研究认为企业所拥有的政治关系能够正向影响企业营销能力。企业进行新产品研发和创新的过程中,政府采购对企业研发属于事前补贴,具备创新潜能的企业在其产品还处于研发或市场化初期,暂时未得到市场认可的阶段,政府提前对其产品或技术进行购买,从而避免创新企业的市场风险(曾萍 和 邹绮虹,2014;杨洋,魏江 和 罗来军,2015)。同时,对于投放市场的新产品,企业获得的政治合法性或者是某种政府背书更容易提升客户的接受度,这也是对营销能力的潜在提升。

结合结构方程模型路径分析的实证数据来看,企业商业关系到营销能力的路径系数为 0.542***,而企业政治关系到技术能力的路径系数为 0.163*,这说明商业关系对营销能力的影响能力要大于政治关系,这个结论与制造业行业的实际情况也是相符合的。根据我们对企业营销能力的定义,它是指企业执行营销及市活动(营销渠道建设、传播体系建设、消费者需求调研及定价系统建设等)过程中，利用相关资源为客户创造价值并传递企业价值的能力。因此提升企业营销能力，主要是要和企业日常经营相关度较高的上游供应商、下游渠道商以及终端的客户建立紧密的关系以获取必要的资源和信息。而与政府管理部门建立的良好互动关系尽管能够提升企业合法性或以政府背书的形式提升客户对产品的接受度，但这毕竟是一个间接的过程。制造业企业想要提升营销能力和市场接受度，采取市场化的手段来获取那些与企业日常经营或创新产品直接接触或紧密关联的利益相关者认可，是更加行之有效的手段。因此，对于制造业企业来说，本研究实证结果认为企业社会资本中的商业关系较之政治关系对企业营销能力的提升有更为重要的影响。

总之，结合我们的实证分析、案例分析和已有文献，可以总结出企业政商本对企业营销能力有正向影响至少有如下三个方面的清晰原因：

第一，企业与上游供应商建立良好的商业关系有助于企业在利益共同体的筹码上加分，帮助企业以更加合理的价格获取上游产品，从而保证企业实施自己的价格战略。

第二，企业与上下游客户保持良好的商业关系有助于企业及时获取市场信息，捕捉市场机会，不断完善营销计划和方案。

第三，企业通过与政府部门的良性互动能够在新产品研发中获得一定的补贴，在政府鼓励性、扶持性的新产品采购中获得订单，在一定程度上降低市场风险，同时通过"看得见的手"的信号作用，提升客户的接受度，从而提升营销能力。

7.1.3　企业能力对企业创新的影响

假设 H7、H8 分别分析了企业能力中极为重要的技术能力和营销能力对企业创新的影响。基于通过验证的假设 H7，本研究认为企业技术能力能够正向影响创新。Afuah（2002）研究认为拥有技术能力的企业一方面能够帮助企业降低运营成本，同时还能够帮助企业实现产品差异化。技术能力比较强的企业通常能够进行创造性的生产技术革新，并且能够快速响应市场和技术环境的变化进行产品创新（Song 等人，2005）。结合社会网络理论来看，Zhou 和 Wu（2009）认为技术能力越是出众的企业，越懂得去吸收和利用与企业内部知识系统一致性较高的外部知识，并将内外部知识吸收融合进行创新，这个过程能够使得企业的研发投入更加高效（Voudouris 等人，2012）。基于通过验证的假设 H8，本研究认为企业营销能力同样正向影响企业创新。拥有强大营销能力的企业往往能够较早地发现市场趋势并准确把握消费者需求的动向(Wang等人,2004)。这些能够真实了解客户需求并及时给予满足的企业,往往能够建立更加紧密的关系和联结,也就拥有了更多向客户传递价值和发现新需求的机会(Murray等人,2011)。正是由于企业能够迅速发现市场需求的变化并及时调整策略进行产品创新,企业才能够在同质化竞争市场中体现出其产品的区分度(O'Cass和Weerwardena,2010),获取持续性的竞争优势。Ngo和O'Cass(2012)的研究认为,企业开发出的新产品越是能够满足潜在和现有客户的需求,其创新的能力就越强。而营销能力强的企业正是通过这种定价、渠道、传播和挖掘客户需求的方式不断发现客户和市场的最新需求,向客户传递比竞争者体验性更好、易用性更强、性价比更高的新产品以吸引客户的持续关注。

结合结构方程模型路径分析的实证数据来看,企业技术能力到企业创新的路径系数为0.604***,而企业营销能力到企业创新的路径系数为0.262*,这说明企业技术能力影响企业创新的程度要大于企业营销能力,这个结论与我们对企业创新的定义和测量有一定关系。本文中定义的企业创新包含了创新投入和创新产出两方面内涵。按照Li和Atuahene-Gima(2002)、Zhou和Wu(2010)研究中的测量,本文使用四个测量构件来衡量企业对新产品开发投入及市场化的程度。从新产品开发的过程来看,技术能力从某种程度上起到了决定性的作用。而尽管现在的市场越来越倾向于将市场和客户的需求融入新产品开发的过程中,但由于存在市场需求的多变性与企业设计开发能力不匹配的问题,同时工业产品又与普通消费品存在一定差异,产品质量和耐用性等因素往往比营销手段更容易获得客户直观的认可。因此,对于制造业企业来说,本研究实证结果认为企业技术能力相较于营销能力对企业创新的影响更大。

总之,结合我们的实证分析、案例分析和已有文献,至少可以总结出企业能力正向影响创新的两个方面的清晰原因:

第一,技术能力是适应市场的创造性变革的决定因素,尤其是在制造类企业的产品创新中,相对于竞争对手的技术优势意味着在创新活动中总能够先人一步。

第二,营销能力强的企业通常能够精准了解客户需求,继而通过迅速的内部响应机制实现产品创新,最终提供比竞争者体验性更好、性价比更高的新产品。

7.1.4　市场不确定性与竞争强度的情境作用

7.1.4.1　市场不确定性对企业履行社会责任行为获取企业社会资本的影响

假设H9、H10分别分析了市场不确定性对企业履行社会责任获取政治关系和商业关系的影响。基于通过验证的假设 H9,市场不确定性会加强企业社会责任行为对企业政治关系的正向影响。市场不确定性会增加企业获取信息和资源的困难程度(Karma,Richter 和 Riesenkampff,2016),包括客户需求的变化程度、竞争者活动、供应商供货信息,等等。在市场不确定性程度较高的时候,企业更倾向于建立牢固的政治关系来降低其经营和创新的风险。通常在不确定性程度较高的市场中,客户对于同行业不同企业同质化产品的选择也处于摇摆中,这时拥有政治关系作为企业背书往往会更容易获得市场的认可。此外,假设 H10 还验证了市场不确定性会加强企业社会责任行为对企业商业关系的正向影响。这是由于牢固的商业关系在市场不确定性高的情况下可能成为代理的法律框架,通过契约性的非正式商业机制阻止那些可能对企业经营造成破坏的市场行为。因此,通过研究我们得到结论,当制造业企业处于市场不确定程度较高的经济转型阶段时,会更倾向于履行企业社会责任行为以获取政治关系和商业关系。

总之,结合我们的实证分析、案例分析和已有文献,至少可以总结出企业在市场不确定性程度较高时更加注重通过履行社会责任来构建政商关系的两个方面的清晰原因:

第一,当市场处于动荡时,客户对同类企业同类产品的选择也处于摇摆之中,此时拥有良好政治关系的背书能够增强客户的信心,这一现象会促使企业在市场环境不确定时强化企业履行社会责任行为来建立政治关系的过程。

第二,当市场处于动荡时,与商业伙伴牢固的关系可以通过契约性的非正式商业机制阻止机会主义行为,从而提升企业抵御市场风险的能力,这一现象会促使企业在市场环境不确定时强化企业履行社会责任行来建立商业关系的过程。

7.1.4.2 竞争强度对企业履行社会责任行为获取企业社会资本的影响

H11 和 H12 分别分析了竞争强度对企业履行社会责任行为以获取商业关系和政治关系的影响。第四章中通过理论和逻辑推理得到假设 H11 和 H12,分别认为竞争强度会减弱企业社会责任行为对商业关系和政治关系的正向影响,但根据调研数据的实证结果,两个假设均未通过检验。我们分析可能的原因如下:在市场竞争强度不断增加的情况下,企业面临来更强烈的市场竞争威胁(Kohli 和 Jaworski,1990;Zheng 和 Zhou,2006)。Chattopadhyay 等 (2001),Morgan 和 Strong(2003)通过研究发现,在面对上述情况时有许多企业会表现出有别以往的风险倾向,甚至产生“要么改变要么失败”的信念并因此选择较为激进的创新战略(Theodosiou,2012)。而根据我们前文的分析,由于影响企业创新的技术能力和营销能力提升都依赖于企业外部网络的异质性资源、技术和知识,企业在面临竞争强度较大的市场环境时,仍有意愿通过履行社会责任以获取更丰富的商业关系和政治关系,帮助其从外部获取多样性的资源、技术、知识及市场信息以提升自身的创新和研发能力,以更好的创新性产品在激烈的市场竞争中脱颖而出。因此,通过实证研究我们发现,无论市场竞争的强度发生怎样的变化,企业履行企业社会责任以获取社会资本的战略不会受到相应的影响。

总之,根据实证研究并结合文献分析,我们至少可以总结出市场竞争强度对企业通过履行社会责任行为对政商关系影响的两个清晰特征及原因:

第一,无论市场竞争强度发生怎样的变化,企业通过履行社会责任建立商业关系的行为都不会受到影响。因为当市场竞争变得激烈时,表明竞争对手之间可能势均力敌,这时企业更需要借助于外部商业资源抵御面临的威胁。

第二,无论市场竞争强度发生怎样的变化,企业通过履行社会责任建立政治关系的行为都不会受到影响。因为当市场竞争变得激烈时,企业通过政治资源的构建能够获取企业自身,包括竞争对手也难以获得的外部资本,如开放资本渠道、信息整合能力等(波特,1990)。

7.2　理论贡献与创新

本研究在中国的新兴市场环境下选择了212家制造业企业作为样本,对企业履行社会责任行为如何影响企业创新的问题进行研究,可能的理论贡献主要体现在如下三个方面。

首先,本研究从企业社会资本的关系维度对工具性利益相关者理论进一步补充,同时也对企业社会责任行为的动机和意义进一步明确和延伸。本文提出企业针对首要利益相关者(股东、债权人、供应商、渠道商、客户、员工等)和次要利益相关者(政府、社区、非营利组织等)履行的社会责任行为(商业行为和慈善行为等)能够帮助其获取和建立企业发展所必需的社会资本(商业关系和政治关系)。通过相关文献分析,我们发现利益相关者理论作为企业社会责任最为重要和最具影响力的研究视角,一般基于"规范性"和"工具性"两种不同的理论框架对企业社会责任行为进行解释(张洪波和李健,2007)。而其中"工具性"利益相关者理论作为对战略性企业社会责任行为概念的进一步补充和丰富,认为企业社会责任行为是为创造企业与利益相关者之间长期、互惠互利的关系而采取的针对性行动

（Bhattacharya 等人，2009）。结合文献来看，学术界针对不同利益相关者的企业社会责任行为能够为企业绩效和竞争力的提升带来哪些益处做了更多后续研究，包括员工敬业度、客户品牌认同、税收减免、财务支持等（Luo 和 Bhattacharya，2006；McWilliams 和 Siegel，2011；Hull & Rothenberg，2008），而对其机理的解释仍更多地停留在委托代理理论、利益相关者理论和资源基础观理论。社会资本理论，作为对社会网络理论的延伸，提出企业建立竞争力所需要的战略资源可通过企业外部社会网络获取，而企业社会网络与企业利益相关者网络在某种程度上具有极高的相关性。因此，有别于徐尚昆和杨汝岱（2009）基于世界银行调研数据对企业社会责任与企业社会资本的实证研究，该研究侧重于以计量模型测算企业社会责任与社会资本的相关性，但缺乏对于具体的企业社会责任行为对应产生哪些企业社会资本的研究，本研究对利益相关者理论和企业社会责任理论的发展有更为重要的意义。

其次，本研究首次基于企业社会资本理论和基于能力的视角对企业社会责任行为影响企业创新的内在机理及逻辑链条进行清晰的论证。阿吉尼斯（Aguinis）和格拉瓦斯（Glavas，2012）针对企业履行社会责任的动因和结果进行了较为详尽的综述研究，我们通过对文献的进一步更新梳理发现，针对企业社会责任行为的结果的相关研究非常丰富，主要从制度层面（获取合法性与提升企业社会声誉等）（Verschoor，1998；Brammer 和 Pavelin，2006；Sen 和 Bhattacharya，2001），组织层面（提升财务绩效和组织能力等）（Arya 和 Zhang，2009；McWilliams 和 Siegel，2011；Brammer 和 Millington，2008；Doh 等人，2010；）和个人层面（提升员工认同感、敬业度、对未来员工的吸引力、员工创新等）（Carmeli 等人，2007；Glavas 和 Piderit，2009；Jones，2010；Glavas 和 Piderit，2009）这三个方面开展。然而，我们发现学术界对于企业社会责任行为如何影响企业创新，当前市场环境下提升企业竞争力最为重要的因素的研究却多以定性的案例研究为主。尽管罗（Luo）和杜（Du，2015）基于资源基础观的视角对企业社会责任与企业创新的关系进行了探讨，但该研究缺乏对于两者之间内在逻辑机理的进一步分析。我们的研究发现企业可以通过履行社会责任行为获取社会资本，随后转化为企业能力并最终影响企业创新，并通过数据实证验证了企业社会资本和企业能力在整条路径中的中介作用。这实质上反映了企业通过战略选择获取外部资源积累，随后完成向企业内部能力转化的过程，对基于资源基础观衍生出的企业能力理论的研究做出了一定贡献。

最后,本文对新兴市场的企业社会责任相关研究做出了一定贡献。作为推动全球经济蓬勃发展的重要动力,新兴市场中的企业相较于欧美发达国家面对的市场环境表现出更显著的敌对性特征,因此学术界对于企业在这种复杂的综合性环境下的战略选择及绩效表现极为关注。我们在本研究中挑选了市场不确定性和行业竞争强度这两个在新兴市场中最为常见的敌对性环境因素(Sheng 等人,2011;Li 等人,2008),以这两种特征变量作为企业履行社会责任行为影响企业获取社会资本的调节变量进行研究。通过实证研究我们发现,在新兴市场处于经济转型、结构调整的节点时期,企业通常面临较高的市场不确定性,极大地增加强企业获取信息和资源的困难程度(Karma,Richter 和 Riesenkampff,2016)。在这种情况下企业并没有表现出机会主义强项,而是更倾向于建立牢固的商业关系和政治关系来降低其经营和创新的风险。而行业竞争强度对于企业履行社会责任行为获取企业社会资本的调节效应没有通过显著性检验,这意味着无论企业所处行业竞争强度处于怎样的水平,企业都将通过履行社会责任行为获取社会资本。

7.3　实践启示

本研究的相关结论对于新兴市场的制造业企业的管理实践提供了一定的借鉴意义。

首先,针对处于产业结构调整升级大背景下的中国制造业企业,我们研究的结论,可以提示企业管理者必须认识到企业履行社会责任并非仅会增加企业经营的负担,还能够帮助其获得经营发展所必需的资源和利益。一方面,在经历改革开放40 多年历程后,中国企业已基本摆脱了求温饱,只重视经济效益的阶段;另一方面,中国企业过去依靠人口红利建立的成本优势已经逐渐消失,制造业企业面临转型升级的紧迫性;此外,从国家到地方各层面都致力于扶持和培养环保、创新的高端装备制造业,并对过往粗放型、环保问题严重的行业强制进行供给侧结构性改革。因此,无论是从未来的宏观经济、制度环境和产业发展角度考虑,还是从企业自身可持续发展的视角来看,企业积极履行和实施社会责任战略都势在必行。

其次,我们通过研究认为,企业管理者应当将企业社会责任行为作为一种战略性的资本投入。在企业运营过程中针对不同利益相关者承担社会责任,将他们的期望和诉求融入企业社会责任的行为,将有利于建设开放性的创新生态网络,促进企业社会网络中不同主体之间异质性资源和信息的交流共享。随着技术创新复杂性、技术迭代速度的不断增加,目前的创新模式已从传统的线性和链式模式发生本质性改变,呈现出非线性、网络化、开放性和多角色协同的特征。无论是企业与企业间、企业与客户间、企业与科研机构间,各类不同的创新主体基于自身不同领域、行业背景将异质性的资源和技术进行融合创新才能在全球化竞争中脱颖而出。而这就需要企业更深层次地了解其所处的社会网络中不同利益相关者的需求并予以满足,只有这样才能在更高的内涵和层次上达到企业社会责任与企业创新的双螺旋上升关系。

最后,我们通过研究发现,企业履行社会责任以获取企业社会资本并转化为企业能力最终推动企业创新的逻辑链条,实质上也是企业通过战略选择获取资源继而转化为企业能力的有机过程。因此,企业管理者必须明白履行企业社会责任并非能够立竿见影地提升企业能力和创新绩效。尤其是在现阶段处于经济转型和产业结构调整阶段的中国,制造业企业通常会遇到市场不确定性高和行业激烈竞争的敌对性外部环境,企业管理者不应该基于短期内企业面临的成本、绩效压力而选择忽略对利益相关者的企业社会责任,因为只有与商业伙伴、客户、政府部门等利益相关者建立长期紧密和值得信赖的关系才能够让资源向能力转化的有机过程持续进行,并最终提升企业创新的能力和绩效。

7.4　研究局限和未来的研究展望

本研究尽管完成了预期研究目标,但是仍然在研究方法、数据等方面存在一些不足之处,这些都需要在后续的研究过程中进一步深入探究。具体包含以下几方面:

第一,尽管本文对于企业针对不同利益相关者的社会责任行为的测量采用了成熟量表,但是由于一手数据获取中由企业管理层自我报告企业社会责任表现可能会存在夸大的嫌疑,因此降低了企业社会责任数据的客观性。今后可以尝试从第三方渠道获取企业社会责任的表现,以此来揭示企业真实的社会责任状况。

第二,本研究的样本来源于中国的制造业企业,但市场不确定和行业竞争强度等敌对性外部环境因素是新兴国家企业所普遍面临的。尽管使用单一国家的数据样本可以把国别宏观层面的差异性对研究干扰控制住,但是也相对降低了本研究的结果在其他新兴国家市场中的适用性,因此未来可以尝试在其他区域就本研究问题开展跨国或跨文化比较研究。

第三,在本研究中我们从企业社会资本的关系维度探究其如何对企业能力产生影响,但正如文献综述中讨论的,企业社会资本不仅有关系维度,结构维度也是目前学术界关注比较多的重点。很显然,企业在其所处的社会网络或者利益相关者网络中所获得的网络位置(结构洞、中心度等)都将影响企业资源的获取和能力的转化。因此,未来的研究可以从这个角度入手进行更深入的探讨。

第四,本研究选择了敌对性环境中比较有代表性的市场不确定性和竞争强度来研究这两个环境因素对企业履行社会责任以获取社会资本的调节作用,但是现有文献中认为新兴市场的外部环境通常还存在"制度无效性"或"执行低效率",因此未来的研究也可以从此角度去讨论外部环境的特征变量对企业社会责任行为创造企业社会资本的调节效应。

附　录

企业社会责任与企业创新关系调研问卷

尊敬的先生/女士：

您好！

我们×××××大学经济与管理学院研究团队正在做一项有关企业社会责任的研究，这份调查问卷旨在了解企业社会责任行为与企业创新之间的关系。完成这份问卷大概需要 15 分钟。问卷为匿名填写，您所提供的信息仅供学术研究参考。您的合作对我们的研究意义重大，向您由衷地表示感谢！

前言：随着雾霾天气加重等一系列环境问题的出现，政府和企业都意识到产业链升级的必要，而通过新型产品的创新研发将有助于提升这一目标的实现。同时，越来越多的企业开始自觉履行企业社会责任（企业在创造财富的同时，其商业活动更多地到关切员工、供应商、消费者、社会环境等方面的期望与诉求）。

第一部分：选择下列陈述与贵公司相符合程度，并按照 1－7 打分。（**1－完全不同意，2－基本不同意，3－不太同意，4－不确定，5－部分同意，6－基本同意，7－完全同意**）（在相应数字上打"√"，在电子文件上操作时，请将"√"拷贝到相应分值的表格中）

内容	评分						
	1	2	3	4	5	6	7
A1 我们公司在与供应商合作中遵从商业伦理规范							
A2 我们公司为员工提供了安全健康的工作环境							
A3 我们公司为顾客提供了高质量的产品							
A4 我们公司为顾客提供准确的产品信息							

（续表）

内容	评分						
	1	2	3	4	5	6	7
A5 我们公司在生产运营过程中重视生态环境							
A6 我们公司将慈善捐助融入了商业活动中							
A7 我们公司通过慈善捐助回馈社会							
B1 我们公司的高层管理者与供应商公司的管理人员建立良好的关系							
B2 我们公司的高层管理者与客户公司的管理人员建立良好的关系							
B3 我们公司的高层管理者与行业竞争者公司的管理人员建立良好的关系							
B4 我们公司的高层管理者与其他公司的管理人员开展市场交流和技术交流							
B5 我们公司的高层管理者与政府官员保持良好的个人关系							
B6 我们公司与政府部门保持交流与沟通							
B7 我们公司的高层管理者能够从政府获得支持和资源（土地、贷款、税收减免等）							
C1 我们从事的行业消费者产品需求和偏好时常发生变化							
C2 我们的顾客更乐于接受新产品							
C3 我们很难预测市场发展趋势							
C4 我们从事的行业竞争异常激烈							
C5 几乎每天都有新的竞争者加入到我们行业							
C6 竞争者能够快速提供与我们相仿的产品或服务							
D1 相对于竞争者,我们公司能够获得重要的技术信息							
D2 相对于竞争者,我们公司能够识别新的创新机会							
D3 相对于竞争者,我们公司能够快速响应技术变化趋势							
D4 相对于竞争者,我们公司持续地开展着一系列创新项目							
E1 相对于竞争者,我们公司有能力开发和管理和维持更加稳固的客户关系							
E2 相对于竞争者,我们公司有能力持续的为客户创造价值							

内容	评分						
	1	2	3	4	5	6	7
F1 我们行业经受了一些不正当的竞争行为,例如非法抄袭他人新产品、伪造他人产品以及盗用他人商标							
F2 我们行业经受着来自行业中别的企业不断增加的不公平竞争行为							
F3 无效的市场竞争法律很难保护我们的知识产权							
G1 相对于竞争者,在过去 3 年里,我们公司投入了大量的资源来开发新产品							
G2 相对于竞争者,在过去 3 年里,我们公司开发了大量的新产品或对现有产品做了大量改进							
G3 相对于竞争者,在过去 3 年里,我们公司快速的向市场引入新产品							
G4 相对于竞争者,在过去 3 年里,我们公司致力于开发新产品来开拓市场							
H1 在过去 3 年里,我们公司获得较高的投资回报率							
H2 在过去 3 年里,我们公司获得较高的销售增长率							
H3 在过去 3 年里,我们公司获得较高的市场份额							
H4 在过去 3 年里,我们公司获得较高的企业声誉							

第二部分:请选择与贵公司相符合的情况(请您尽量填写,您的合作对我们很重要)

1. 贵公司员工人数为_____

　A.100 以下　B. 100～500　C. 501～1000　D. 1001～5000　E. 5000 以上

2. 贵公司企业成立年限为_____

　A. 3 年以下　　B. 3～5 年　　C. 6～10 年　　D. 11～20 年　　E. 20 年以上

3. 贵公司每年研发投入占企业年收入比例为_____

　A. 1%以下　　B. 1%～3%　　C. 3%～5%　　D. 5%～10%　　E. 10%以上

4. 贵公司企业性质_____

　A. 国有　　B. 民营　　C. 三资公司

5.贵公司所处行业_____

（汽车制造、计算机软件、医疗器械、钢铁、通用设备制造、农副食品制造、纺织业、化学制品、采掘业、电气机械制造、其他（请注明））

第三部分：个人基本情况（本部分为完全匿名）

1.您所处公司职位为_____

A.一般员工　　B.专业技术人员　　C.一般管理人员　　D.技术管理人员

E.高级管理人员

2.您在本公司工作年限_____

A.1年以下　　B.1～3年　　C.3～5年　　D.5～10年　　E.10年以上

参考文献

[1] 边燕杰，丘海雄．(2000)．企业的社会资本及其功效[J]．中国社会科学，2
　　(87-92)．

[2] 陈宏辉．(2003)．企业的利益相关者理论与实证研究[D]．杭州：浙江大学博士
　　论文．

[3] 陈宏辉，贾生华．(2005)．企业利益相关者的利益协调与公司治理的平衡原理
　　[J]．中国工业经济，(8)，114-121．

[4] 冯臻．(2010)．影响企业社会责任行为的路径[D]．上海：复旦大学博士论文．

[5] 耿新，张体勤．(2010)．企业家社会资本对组织动态能力的影响——以组织宽
　　裕为调节变量[J]．管理世界(6)，109-121．

[6] 黄毅敏，齐二石．(2015)．工业工程视角下中国制造业发展困境与路径．科学学
　　与科学技术管理，36(04)，85-94．

[7] 胡旭阳．(2006)．民营企业家的政治身份与民营企业的融资便利——以浙江省
　　民营百强企业为例[J]．管理世界，(5)，107-113．

[8] 贾生华，疏礼兵，邬爱其．(2006)．民营企业技术创新能力的影响因素及其差
　　异分析[J]．管理学报，1，103-108．

[9] 简兆权，王晨，陈键宏．(2015)．战略导向，动态能力与技术创新：环境不确定
　　性的调节作用[J]．研究与发展管理，(02)，65-76．

[10] 姜卫韬．(2012)．中小企业自主创新能力提升策略研究——基于企业家社会
　　资本的视角[J]．中国工业经济(6)，107-119．

[11] 苹莉．(2001)．经营者业绩评价：利益相关者模式[M]．杭州：浙江人民出
　　版社．

[12] 李维安，王鹏程，徐业坤．(2015)．慈善捐赠，政治关联与债务融资——民营
　　企业与政府的资源交换行为[J]．南开管理评论，18(1)，4-14．

[13] 李祥进，杨东宁，徐敏亚，雷明．(2012)．中国劳动密集型制造业的生产力困

境——企业社会责任的视角[J].南开管理评论,(3),122-130.

[14] 刘计含,王建琼.(2012).企业社会责任与资本约束——来自中国上市公司的证据[J].管理评论,24(11),151-157.

[15] 宁亚春,罗之仁.(2010).政府管制与双寡头企业社会责任行为的博弈研究[J].中国管理科学,2,157-164.

[16] 沈红波,谢越,陈峥嵘.(2012).企业的环境保护,社会责任及其市场效应[J].中国工业经济,1,141-151.

[17] 沈艳,蔡剑.(2009).企业社会责任意识与企业融资关系研究.金融研究[J],(12),127-136.

[18] 唐跃军,李维安.(2008).公司和谐,利益相关者治理与公司业绩[J].中国工业经济,6,86-98.

[19] 王辉.(2005).企业利益相关者治理研究:从资本结构到资源结构[M].北京:高等教育出版社.

[20] 吴家喜.(2009).企业社会责任与技术创新绩效关系研究:基于组织学习的视角[J].工业技术经济,(12),99-102.

[21] 肖红军,张俊生,曾亚敏.(2010).资本市场对公司社会责任事件的惩戒效应——基于富士康公司员工自杀事件的研究[J].中国工业经济,(8),118-128.

[22] 徐岚.(2007).顾客为什么参与创造?[J].心理学报,39(2),343-354.

[23] 徐尚昆,杨汝岱.(2009).中国企业社会责任及其对企业社会资本影响的实证研究[J].中国软科学,(11),119-128.

[24] 杨洋,魏江,罗来军.(2015).谁在利用政府补贴进行创新?——所有制和要素市场扭曲的联合调节效应[J].管理世界,(1),75-86.

[25] 于洪彦,黄晓治,曹鑫.(2015).企业社会责任与企业绩效关系中企业社会资本的调节作用[J].管理评论,(1),169-180.

[26] 张川,娄祝坤,詹丹碧.(2014).政治关联,财务绩效与企业社会责任——来自中国化工行业上市公司的证据[J].管理评论,26(1),130-139.

[27] 张洪波,李健.(2007).企业社会责任与利益相关者理论:基于整合视角的研究[J].科学学与科学技术管理,28(3),146-150.

[28] 张建君.(2013).竞争-承诺-服从:中国企业慈善捐款的动机[J].管理世界,9,118-129.

[29] 张建君，张志学.(2005).中国民营企业家的政治战略[J].管理世界，(7)，94 - 105.

[30] 张敏，马黎珺，张雯.(2013).企业慈善捐赠的政企纽带效应——基于中国上市公司的经验证据[J].管理世界，(7)，163 - 171.

[31] 曾萍，邬绮虹.(2014).政府支持与企业创新：研究述评与未来展望[J].研究与发展管理，26(2)，98 - 109.

[32] 郑海东.(2007).企业社会责任行为表现：测量维度，影响因素及对企业绩效的影响[D].杭州：浙江大学博士学位论文.

[33] 朱秀梅，李明芳.(2011).创业网络特征对资源获取的动态影响——基于中国转型经济的证据[J].管理世界，(6)，105 - 115.

[34] Abell，P.，Felin，T.，Foss，N.(2008).Building micro—foundations for the routines，capabilities，and performance links[J].*Managerial and Decision Economics*，29(6)，489 - 502.

[35] Ackerman，R. W.(1973).How companies respond to social demands[J].*Harvard Business Review*，51(4)，88 - 98.

[36] Acquaah，M.(2007).Managerial social capital，strategic orientation，and organizational performance in an emerging economy[J].*Strategic Management Journal*，28(12)，1235 - 1255.

[37] Adler，P. S.，Kwon，S. W.(2002).Social capital：Prospects for a new concept[J].*Academy of Management Review*，27(1)，17 - 40.

[38] Afuah，A.(2002).Mapping technological capabilities into product markets and competitive advantage：the case of cholesterol drugs[J].*Strategic Management Journal*，23(2)，171 - 179.

[39] Agle，B. R.，Mitchell，R. K.，Sonnenfeld，J. A.(1999).Who matters to Ceos? An investigation of stakeholder attributes and salience，corpate performance，and Ceo values[J].*Academy of Management Journal*，42(5)，507 - 525.

[40] Aguilera，R. V.，Rupp，D. E.，Williams，C. A.，& Ganapathi，J.(2007).Putting the S back in corporate social responsibility：A multilevel theory of social change in organizations[J].*Academy of Management Review*，32(3)，836 - 863.

[41] Aguinis, H. (2011). "Organizational responsibility: Doing good and doing well". In S. Zedeck (Ed.) [M], *APA Handbook of Industrial and Organizational Psychology*, Vol. 3, PP. 855 - 879. Washington, DC: American Psychological Association.

[42] Aguinis, H., Glavas, A. (2012). What we know and don't know about corporate social responsibility: A review and research agenda[J]. *Journal of Management*, 38(4), 932 - 968.

[43] Ahuja, G. (2000). Collaboration networks, structural holes, and innovation: A longitudinal study[J]. *Administrative Science Quarterly*, 45 (3), 425 - 455.

[44] Almus, M., Czarnitzki, D. (2003). The effects of public R&D subsidies on firms' innovation activities: the case of Eastern Germany[J]. *Journal of Business & Economic Statistics*, 21(2), 226 - 236.

[45] Amit, R., Schoemaker, P. J. (1993). Strategic assets and organizational rent[J]. *Strategic Management Journal*, 14(1), 33 - 46.

[46] Arora, N., Henderson, T. (2007). Embedded premium promotion: Why it works and how to make it more effective[J]. *Marketing Science*, 26(4), 514 - 531.

[47] Arya, B., Zhang, G. (2009). Institutional reforms and investor reactions to CSR announcements: Evidence from an emerging economy[J]. *Journal of Management Studies*, 46(7), 1089 - 1112.

[48] Atuahene-Gima, K., & Murray, J. Y. (2007). Exploratory and exploitative learning in new product development: A social capital perspective on new technology ventures in China[J]. *Journal of International Marketing*, 15 (02), 1 - 29.

[49] Bagozzi, R. P. (1980). Causal models in marketing[M]. New Jersey: *Wiley*.

[50] Bansal, P., Hunter, T. (2003). Strategic explanations for the early adoption of ISO 14001[J]. *Journal of Business Ethics*, 46(3), 289 - 299.

[51] Bansal, P., Roth, K. (2000). Why companies go green: A model of ecological responsiveness[J]. *Academy of Management Journal*, 43(4),

717 - 736.

[52] Batjargal, B., Liu, M. (2004). Entrepreneurs' access to private equity in China: The role of social capital [J]. *Organization Science*, 15 (2), 159 - 172.

[53] Barnett, M. L. (2007). Stakeholder influence capacity and the variability of financial returns to corporate social responsibility [J]. *Academy of Management Review*, 32(3), 794 - 816.

[54] Barnett, M. L., Salomon, R. M. (2006). Beyond dichotomy: The curvilinear relationship between social responsibility and financial performance[J]. *Strategic Management Journal*, 27(11), 1101 - 1122.

[55] Barney, J. B. (1986). Organizational culture: can it be a source of sustained competitive advantage? [J]. *Academy of Management Review*, 11(3), 656 - 665.

[56] Barney, J. (1991). Firm resources and sustained competitive advantage[J]. *Journal of Management*, 17(1), 99 - 120.

[57] Barney, J. B. (2001). Resource-based theories of competitive advantage: A ten-year retrospective on the resource-based view [J]. *Journal of Management*, 27(6), 643 - 650.

[58] Benner, M. J., Tushman, M. L. (2003). Exploitation, exploration, and process management: The productivity dilemma revisited[J]. *Academy of Management Review*, 28(2), 238 - 256.

[59] Berman, S. L., Wicks, A. C., Kotha, S., & Jones, T. M. (1999). Does stakeholder orientation matter? The relationship between stakeholder management models and firm financial performance [J]. *Academy of Management journal*, 42(5), 488 - 506.

[60] Bhattacharya, C. B., Korschun, D., & Sen, S. (2009). Strengthening stakeholder-company relationships through mutually beneficial corporate social responsibility Engagement [J]. *Journal of Business ethics*, 85, 257 - 272.

[61] Blair, M. M. (1995). Rethinking assumptions behind corporate governance [J]. *Challenge*, 38(6), 12 - 17.

[62] Boal, K. B., Peery, N. (1985). The cognitive structure of corporate social responsibility[J]. *Journal of Management*, 11(3), 71 – 82.

[63] Bonacich, P. (1987). Power and centrality: A family of measures[J]. *American Journal of Sociology*, 1170 – 1182.

[64] Bonini, S., Koller, T. M., Mirvis, P. H. (2009). Valuing social responsibility programs[J]. *McKinsey on Finance*, 32(Summer), 11 – 18.

[65] Bourdieu, P. (1986). The forms of capital[M]. *Handbook of Theory & Research of for the Sociology of Education*, 280 – 291.

[66] Bourdieu, P., Wacquant, L. J. (1992). An invitation to reflexive sociology [M]. Chicago: *University of Chicago press*.

[67] Bowen, H. R. (1953). Social responsibilities of the businessman (No. 3) [M]. *Harper*.

[68] Brammer, S., Millington, A. (2008). Does it pay to be different? An analysis of the relationship between corporate social and financial performance[J]. *Strategic Management Journal*, 29(12), 1325 – 1343.

[69] Brammer, S. J., Pavelin, S. (2006). Corporate reputation and social performance: The importance of fit[J]. *Journal of Management Studies*, 43(3), 435 – 455.

[70] Brown, T., Dacin, P. A. (1997). The Company and the product: corporate associations and consumer product responses[J]. *Journal of Marketing*, 61, 68 – 84.

[71] Buehler, V. M., Shetty, Y. K. (1974). Motivations for corporate social action[J]. *Academy of Management Journal*, 17(4), 767 – 771.

[72] Burt, R. S. (1992). Structural hole[M]. *Harvard Business School Press*, Cambridge, MA.

[73] Burt, R. S. (2000). The network structure of social capital[J]. *Research in Organizational Behavior*, 22, 345 – 423.

[74] Carmeli, A., Gilat, G., Waldman, D. A. (2007). The role of perceived organizational performance in organizational identification, adjustment and job performance [J]. *Journal of Management Studies*, 44 (6), 972 – 992.

[75] Carpenter, M. A., Li, M., Jiang, H. (2012). Social network research in organizational contexts: A systematic review of methodological issues and choices[J]. *Journal of Management*, 38(4), 1328 – 1361.

[76] Carroll, A. B. (1979) A three-dimensional conceptual model of corporate performance [J]. *Academy of Management Review*, 4(4), 497 – 505.

[77] Carroll, A. B. (1991). The pyramid of corporate social responsibility: Toward the moral management of organizational stakeholders[J]. *Business horizons*, 34(4), 39 – 48.

[78] Carroll, A. B. (2000). Ethical challenges for business in the new millennium: Corporate social responsibility and models of management morality[J]. *Business Ethics Quarterly*, 33 – 42.

[79] Carter, C. R. (2005). Purchasing social responsibility and firm performance: The key mediating roles of organizational learning and supplier performance[J]. *International Journal of Physical Distribution & Logistics Management*, 35(3), 177 – 194.

[80] Chaminade, C., Edquist, C. (2006). From theory to practice: the use of the systems of innovation approach in innovation policy[A]. Innovation, Science, and Institutional Change a Research Handbook. Oxford: Oxford University Press.

[81] Chang, S. J., Van Witteloostuijn, A., Eden, L. (2010). From the editors: Common method variance in international business research[J]. *Journal of International Business Studies*, 41(2), 178 – 184.

[82] Charkham, J. P. (1995). Keeping good company: A study of corporate governance in five countries[M]. *Oxford University Press*.

[83] Chattopadhyay, P., Glick, W. H., Huber, G. P. (2001). Organizational actions in response to threats and opportunities [J]. *Academy of Management Journal*, 44(5), 937 – 955.

[84] Chen, Y. S. (2008). The driver of green innovation and green image—green core competence[J]. *Journal of Business Ethics*, 81(3), 531 – 543.

[85] Cheng, B., Ioannou, I., Serafeim, G. (2014). Corporate social responsibility and access to finance[J]. *Strategic Management Journal*, 35

(1), 1 - 23.

[86] Chesbrough, Henry. "Open innovation: how companies actually do it." *Harvard Business Review* 81.7 (2003): 12 - 14.

[87] Choi, J., Wang, H. (2009). Stakeholder relations and the persistence of corporate financial performance [J]. *Strategic Management Journal*, 30 (8), 895 - 907.

[88] Churchill Jr, G. A. (1979). A paradigm for developing better measures of marketing constructs[J]. *Journal of Marketing Research*, 64 - 73.

[89] Clarkson, M. E. (1995). A stakeholder framework for analyzing and evaluating corporate social performance [J]. *Academy of Management Review*, 20(1), 92 - 117.

[90] Cohen, W. M., Levinthal, D. A. (1990). Absorptive capacity: A new perspective on learning and innovation [J]. *Administrative Science Quarterly*, 128 - 152.

[91] Coleman, J. S. (1988). Social capital in the creation of human capital[J]. *American Journal of Sociology*, S95 - S120.

[92] Cornell, B., Shapiro, A. C. (1987). Corporate stakeholders and corporate finance[J]. *Financial Management*, 5 - 14.

[93] Cox, P., Brammer, S., Millington, A. (2004). An empirical examination of institutional investor preferences for corporate social performance[J]. *Journal of Business Ethics*, 52(1), 27 - 43.

[94] Dacin, M. T., Oliver, C., Roy, J. P. (2007). The legitimacy of strategic alliances: An institutional perspective[J]. *Strategic Management Journal*, 28(2), 169 - 187.

[95] Davis, K. (1960). Can business afford to ignore social responsibilities[J]? *California Management Review*, 2(3), 70 - 76.

[96] Davis, K. (1973). The case for and against business assumption of social responsibilities[J]. *Academy of Management Journal*, 16(2), 312 - 322.

[97] Day, G. S. (1994). The capabilities of market - driven organizations[J]. *Journal of Marketing*, 37 - 52.

[98] Deckop, J. R., Merriman, K. K., Gupta, S. (2006). The effects of CEO

pay structure on corporate social performance[J]. *Journal of Management*, 32(3), 329 – 342.

[99] De Luque, M. S., Washburn, N. T., Waldman, D. A., House, R. J. (2008). Unrequited profit: How stakeholder and economic values relate to subordinates' perceptions of leadership and firm performance [J]. *Administrative Science Quarterly*, 53(4), 626 – 654.

[100] Donaldson, T., Dunfee, T. W. (1995). Integrative social contracts theory [J]. *Economics and Philosophy*, 11(01), 85 – 112.

[101] Doh, J. P., Howton, S. D., Howton, S. W., Siegel, D. S. (2010). Does the market respond to an endorsement of social responsibility? The role of institutions, information, and legitimacy[J]. *Journal of Management*, 36(6), 1461 – 1485.

[102] Drucker, P. F. (1974). New templates for today's organizations [D]. Harvard University. *Graduate School of Business Administration*.

[103] Du, S., Bhattacharya, C. B., Sen, S. (2011). Corporate social responsibility and competitive advantage: overcoming the trust barrier [J]. *Management Science*, 57(9), 1528 – 1545.

[104] Dutta, S., Narasimhan, O. M., Rajiv, S. (2005). Conceptualizing and measuring capabilities: Methodology and empirical application [J]. *Strategic Management Journal*, 26(3), 277 – 285.

[105] Dutta, S., Zbaracki, M. J., Bergen, M. (2003). Pricing process as a capability: A resource—based perspective [J]. *Strategic Management Journal*, 24(7), 615 – 630.

[106] Eisenhardt, K. M. (1989). Building theories from case study research[J]. *Academy of Management Review*, 14(4), 532 – 550.

[107] Elfring, T., Hulsink, W. (2003). Networks in entrepreneurship: The case of high – technology firms[J]. *Small Business Economics*, 21(4), 409 – 422.

[108] E. Rupp, D. (2011). An employee-centered model of organizational justice and social responsibility[J]. *Organizational Psychology Review*, 1(1), 72 – 94.

[109] Faccio, M. (2006). Politically connected firms [J]. *The American Economic Review*, 96(1), 369 - 386.

[110] Fan, P. (2006). Catching up through developing innovation capability: evidence from China's telecom - equipment industry [J]. *Technovation*, 26(3), 359 - 368.

[111] Fang, E., Li, X., Huang, M., Palmatier, R. W. (2015). Direct and indirect effects of buyers and sellers on search advertising revenues in business - to - business electronic platforms [J]. *Journal of Marketing Research*, 52(3), 407 - 422.

[112] Flammer, C. (2013). Corporate social responsibility and shareholder reaction: The environmental awareness of investors [J]. *Academy of Management Journal*, 56(3), 758 - 781.

[113] Fombrun, C., Shanley, M. (1990). What's in a name? Reputation building and corporate strategy [J]. *Academy of Management Journal*, 33(2), 233 - 258.

[114] Fornell, C., Larcker, D. F. (1981). Structural equation models with unobservable variables and measurement error: Algebra and statistics [J]. *Journal of Marketing Research*, 382 - 388.

[115] Foss, N. J. (1996). Knowledge-based approaches to the theory of the firm: Some critical comments [J]. *Organization Science*, 7(5), 470 - 476.

[116] Freeman, L. C. (1978). Centrality in social networks conceptual clarification [J]. *Social Networks*, 1(3), 215 - 239.

[117] Freeman, R. E. (1984). Strategic management: A stakeholder perspective [M]. Boston: *Pitman*.

[118] Friedman, M. (1962). Monopoly and the social responsibility of business and labor [M]. *Capitalism and Freedom*, 119 - 136.

[119] Garcia, R., Calantone, R. (2002). A critical look at technological innovation typology and innovativeness terminology: a literature review [J]. *Journal of Product Innovation Management*, 19(2), 110 - 132.

[120] Gilsing, V. A., Duysters, G. M. (2008). Understanding novelty creation in exploration networks—structural and relational embeddedness jointly

considered[J]. *Technovation*, 28(10), 693 – 708.

[121] Glavas, A., Piderit, S. K. (2009). How Does Doing Good Matter?: Effects of Corporate Citizenship on Employees[J]. *Journal of Corporate Citizenship*, (36).

[122] Gnyawali, D. R., He, J. (2006). Impact of co – opetition on firm competitive behavior: An empirical examination [J]. *Journal of Management*, 32(4), 507 – 530.

[123] Godfrey, P. C., Merrill, C. B., Hansen, J. M. (2009). The relationship between corporate social responsibility and shareholder value: An empirical test of the risk management hypothesis [J]. *Strategic Management Journal*, 30(4), 425 – 445.

[124] Granovetter, M. S. (1973). The strength of weak ties[J]. *American Journal of Sociology*, 1360 – 1380.

[125] Granovetter, M. (1992). Problems of explanation in economic sociology [J]. *Networks and Organizations: Structure, form, and action*, 25 – 56.

[126] Granovetter, M. (1995). Getting a job: A study of contacts and careers [M]. Chicago: *University of Chicago Press*.

[127] Greening, D. W., Gray, B. (1994). Testing a model of organizational response to social and political issues [J]. *Academy of Management journal*, 37(3), 467 – 498.

[128] Grewal, R., Dharwadkar, R. (2002). The role of the institutional environment in marketing channels[J]. *Journal of Marketing*, 66(3), 82 – 97.

[129] Greening, D. W., Turban, D. B. (2000). Corporate social performance as a competitive advantage in attracting a quality workforce[J]. *Business & Society*, 39(3), 254 – 280.

[130] Grunig, J. E. (1979). A New Measure of Public Opinion on Corporate Social Responsibility [J]. *Academy of Management Journal*, 22(4), 738 – 764.

[131] Gu, F. F., Hung, K., Tse, D. K. (2008). When does guanxi matter? Issues of capitalization and its dark sides[J]. *Journal of Marketing*, 72

(4)，12 - 28.

[132] Hamel，G.，Prahalad，C. K. (1990). Corporate imagination and expeditionary marketing[J]. *Harvard Business Review*，69(4)，81 - 92.

[133] Hagedoorn，J.，Duysters，G. (2002). External sources of innovative capabilities：the preferences for strategic alliances or mergers and acquisitions[J]. *Journal of Management Studies*，39(2)，167 - 188.

[134] Hansen，G. S.，Wernerfelt，B. (1989). Determinants of firm performance：The relative importance of economic and organizational factors[J]. *Strategic Management Journal*，10(5)，399 - 411.

[135] Hansen，M. T. (1998). Combining network centrality and related knowledge：Explaining effective knowledge sharing in multiunit firms [M]. Cambridage：*Division of Research*，*Harvard Business School*.

[136] Hart，S. L.，Ahuja，G. (1996). Does it pay to be green? An empirical examination of the relationship between emission reduction and firm performance[J]. *Business strategy and the Environment*，5(1)，30 - 37.

[137] Hayek，F. A. (1969). The corporation in a democratic society：in whose interest ought it and will it be run [M]. *Business Strategy*. *Harmondsworth：Penguin Books*，225.

[138] Heide，J. B.，John，G. (1992). Do norms matter in marketing relationships[J]? *Journal of Marketing*，32 - 44.

[139] Hemingway，C. A. (2005). Personal values as a catalyst for corporate social entrepreneurship[J]. *Journal of business ethics*，60(3)，233 - 249.

[140] Hillman，A. J.，Keim，G. D. (2001). Shareholder value, stakeholder management, and social issues：what's the bottom line [J]? *Strategic Management Journal*，125 - 139.

[141] Hillebrand，B.，Driessen，P. H.，Koll，O. (2015). Stakeholder marketing：theoretical foundations and required capabilities[J]. *Journal of the Academy of Marketing Science*，43(4)，411 - 428.

[142] Hitt，M. A.，Keats，B. W.，DeMarie，S. M. (1998). Navigating in the new competitive landscape：Building strategic flexibility and competitive advantage in the 21st century[J]. *The Academy of Management Executive*，

12(4), 22 - 42.

[143] Hobday, M. (2005). Firm - level innovation models: perspectives on research in developed and developing countries[J]. *Technology Analysis & Strategic Management*, 17(2), 121 - 146.

[144] Homburg, C., Stierl, M., Bornemann, T. (2013). "Corporate social responsibility in business - to - business markets: how organizational customers account for supplier corporate social responsibility engagement" [J]. *Journal of Marketing*, Vol. 77 No. 6, pp. 54 - 72.

[145] Hull, C. E., Rothenberg, S. (2008). Firm performance: The interactions of corporate social performance with innovation and industry differentiation[J]. *Strategic Management Journal*, 29(7), 781 - 789.

[146] Hult, G. T. M. (2011). Toward a theory of the boundary - spanning marketing organization and insights from 31 organization theories[J]. *Journal of the Academy of Marketing Science*, 39(4), 509 - 536.

[147] Hussinger, K. (2008). R&D and subsidies at the firm level: An application of parametric and semiparametric two—step selection models [J]. *Journal of Applied Econometrics*, 23(6), 729 - 747.

[148] Inkpen, A. C., Tsang, E. W. (2005). Social capital, networks, and knowledge transfer [J]. *Academy of Management Review*, 30 (1), 146 - 165.

[149] Jantunen, A., Puumalainen, K., Saarenketo, S., Kyläheiko, K. (2005). Entrepreneurial orientation, dynamic capabilities and international performance [J]. *Journal of International Entrepreneurship*, 3 (3), 223 - 243.

[150] Jawahar, I. M., McLaughlin, G. L. (2001). Toward a descriptive stakeholder theory: An organizational life cycle approach[J]. *Academy of Management Review*, 26(3), 397 - 414.

[151] Jensen, M. C., Meckling, W. H. (1976). Theory of the firm: Managerial behavior, agency costs and ownership structure[J]. *Journal of Financial Economics*, 3(4), 305 - 360.

[152] Jin, H., Qian, Y., Weingast, B. R. (2005). Regional decentralization

and fiscal incentives: Federalism, Chinese style[J]. *Journal of Public Economics*, 89(9), 1719 - 1742.

[153] Johnson, R. A., Greening, D. W. (1999). The effects of corporate governance and institutional ownership types on corporate social performance[J]. Academy of Management Journal, 42(5), 564 - 576.

[154] Johnston, W. J., Leach, M. P., Liu, A. H. (1999). Theory testing using case studies in business-to-business research[J]. *Industrial Marketing Management*, 28(3), 201 - 213.

[155] Jones, D. A. (2010). Does serving the community also serve the company? Using organizational identification and social exchange theories to understand employee responses to a volunteerism programme [J]. *Journal of Occupational and Organizational Psychology*, 83 (4), 857 - 878.

[156] Jones, T. M. (1995). Instrumental stakeholder theory: A synthesis of ethics and economics[J]. *Academy of Management Review*, 20 (2), 404 - 437.

[157] Kang, C., Germann, F., Grewal, R. (2016). Washing away your sins? Corporate social responsibility, corporate social irresponsibility, and firm performance[J]. *Journal of Marketing*, 80(2), 59 - 79.

[158] Karna, A., Richter, A., Riesenkampff, E. (2016). Revisiting the role of the environment in the capabilities—financial performance relationship: A meta—analysis[J]. *Strategic Management Journal*, 37(6), 1154 - 1173.

[159] Kemper, J., Schilke, O., Brettel, M. (2013). Social capital as a microlevel origin of organizational capabilities[J]. *Journal of Product Innovation Management*, 30(3), 589 - 603.

[160] Kenis, P., Knoke, D. (2002). How organizational field networks shape interorganizational tie - formation rates[J]. *Academy of Management Review*, 27(2), 275 - 293.

[161] Ketchen, D. J., Ireland, R. D., Snow, C. C. (2007). Strategic entrepreneurship, collaborative innovation, and wealth creation [J]. *Strategic Entrepreneurship Journal*, 1(3 - 4), 371 - 385.

[162] Kim, H. R., Lee, M., Lee, H. T., Kim, N. M. (2010). Corporate social responsibility and employee—company identification [J]. *Journal of Business Ethics*, 95(4), 557 - 569.

[163] Kim, N., Im, S., Slater, S. F. (2013). Impact of knowledge type and strategic orientation on new product creativity and advantage in high—technology firms[J]. *Journal of Product Innovation Management*, 30(1), 136 - 153.

[164] Klassen, R. D., McLaughlin, C. P. (1996). The impact of environmental management on firm performance [J]. *Management Science*, 42 (8), 1199 - 1214.

[165] Kleer, R. (2010). Government R&D subsidies as a signal for private investors[J]. *Research Policy*, 39(10), 1361 - 1374.

[166] Klein, J., Dawar, N. (2004). Corporate social responsibility and consumers' attributions and brand evaluations in a product—harm crisis [J]. *International Journal of Research in Marketing*, 21(3), 203 - 217.

[167] Kogut, B., Zander, U. (1992). Knowledge of the firm, combinative capabilities, and the replication of technology[J]. *Organization Science*, 3(3), 383 - 397.

[168] Kohli, A. K., Jaworski, B. J. (1990). Market orientation: the construct, research propositions, and managerial implications [J]. *Journal of Marketing*, 1 - 18.

[169] Koka, B. R., Prescott, J. E. (2008). Designing alliance networks: the influence of network position, environmental change, and strategy on firm performance[J]. *Strategic Management Journal*, 29(6), 639 - 661.

[170] Korschun, D., Bhattacharya, C. B., Swain, S. D. (2014). Corporate social responsibility, customer orientation, and the job performance of frontline employees[J]. *Journal of Marketing*, 78(3), 20 - 37.

[171] Kraaijenbrink, J., Spender, J. C., Groen, A. J. (2010). The resource - based view: A review and assessment of its critiques [J]. *Journal of Management*, 36(1), 349 - 372.

[172] Krasnikov, A., Jayachandran, S. (2008). The relative impact of

marketing, research – and – development, and operations capabilities on firm performance[J]. Journal of Marketing, 72(4), 1 – 11.

[173] Landry, R., Amara, N., Lamari, M. (2002). Does social capital determine innovation? To what extent[J]? *Technological Forecasting and Social Change*, 69(7), 681 – 701.

[174] Lankoski, L. (2009). Cost and revenue impacts of corporate responsibility: Comparisons across sustainability dimensions and product chain stages[J]. *Scandinavian Journal of Management*, 25(1), 57 – 67.

[175] Lemke, F., Petersen, H. L. (2013). Teaching reputational risk management in the supply chain. Supply Chain Management[J]. *An International Journal*, 18(4), 413 – 429.

[176] Leskovar-Spacapan, G., Bastic, M. (2007). Differences in organizations' innovation capability in transition economy: Internal aspect of the organizations[J]. *Strategic Orientation. Technovation*, 27(9), 533 – 546.

[177] Levinthal, D. A., March, J. G. (1993). The myopia of learning[J]. *Strategic Management Journal*, 14(S2), 95 – 112.

[178] Li, H. and Atuahene – Gima, K. (2001). "Product innovation strategy and the performance of new technology ventures in China" [J]. *Academy of Management Journal*, Vol. 44 No. 6, pp. 1123 – 1134.

[179] Li, J.J., Poppo, L., and Zhou, K.Z. (2008). "Do managerial ties in China always produce value? Competition, uncertainty, and domestic vs. foreign firms" [J]. *Strategic Management Journal*, Vol. 29 No. 4, p. 383.

[180] Lichtenstein, D. R., Drumwright, M. E., Braig, B. M. (2004). The effect of corporate social responsibility on customer donations to corporate-supported nonprofits[J]. *Journal of Marketing*, 68(4), 16 – 32.

[181] Lin, N. (1999). Building a network theory of social capital [J]. *Connections*, 22(1), 28 – 51.

[182] Luo, X., Bhattacharya, C. B. (2006). Corporate social responsibility, customer satisfaction, and market value[J]. *Journal of Marketing*, 70, 1 – 18.

[183] Luo, X., Hsu, M. K., Liu, S. S. (2008). The moderating role of

institutional networking in the customer orientation—trust/ commitment—performance causal chain in China [J]. *Journal of the Academy of Marketing Science*, 36(2), 202 – 214.

[184] Luo, X. and Du, S. (2015). "Exploring the relationship between corporate social responsibility and firm innovation" [J]. *Marketing Letters*, Vol. 26 No. 4, pp. 703 – 714.

[185] Mackey, A., Mackey, T. B., Barney, J. B. (2007). Corporate social responsibility and firm performance: Investor preferences and corporate strategies[J]. *Academy of Management Review*, 32(3), 817 – 835.

[186] MacKinnon, D. P., Lockwood, C. M., Hoffman, J. M., West, S. G., Sheets, V. (2002). A comparison of methods to test mediation and other intervening variable effects[J]. *Psychological Methods*, 7(1), 83.

[187] Mahmood, I. P., Zhu, H., Zajac, E. J. (2011). Where can capabilities come from? Network ties and capability acquisition in business groups[J]. *Strategic Management Journal*, 32(8), 820 – 848.

[188] Maignan, I., Ferrell, O. C. (2004). Corporate social responsibility and marketing: An integrative framework[J]. *Journal of the Academy of Marketing science*, 32(1), 3 – 19.

[189] Maignan, I., Ferrell, O. C., Ferrell, L. (2005). A stakeholder model for implementing social responsibility in marketing[J]. *European Journal of Marketing*, 39(9/10), 956 – 977.

[190] Maignan, I., Ferrell, O. C., Hult, G. T. M. (1999). Corporate citizenship: Cultural antecedents and business benefits[J]. *Journal of the Academy of Marketing Science*, 27(4), 455 – 469.

[191] Majumdar, S. K. (1998). Assessing comparative efficiency of the state – owned mixed and private sectors in Indian industry[J]. *Public Choice*, 96 (1), 1 – 24.

[192] Marquis, C. & Qian, C. (2013). Corporate social responsibility reporting in China: Symbol or substance? [J]. *Organization Science*, 25 (1), 127 – 148.

[193] Maurer, I., Bartsch, V., Ebers, M. (2011). The value of intra-

organizational social capital: How it fosters knowledge transfer, innovation performance, and growth[J]. *Organization Studies*, 32(2), 157 - 185.

[194] Miller, D., Friesen, P. H. (1982). Innovation in conservative and entrepreneurial firms: Two models of strategic momentum[J]. *Strategic Management Journal*, 3(1), 1 - 25.

[195] McGuire, J. B., Sundgren, A., Schneeweis, T. (1988). Corporate social responsibility and firm financial performance [J]. *Academy of Management Journal*, 31(4), 854 - 872.

[196] McGuire, J. W. (1963) [M]. *Business and Society*. McGraw - hill.

[197] McWilliams, A. & Siegel, D.S. (2011). "Creating and capturing value: Strategic corporate social responsibility, resource - based theory, and sustainable competitive advantage" [J]. *Journal of Management*, Vol. 37 No. 5, pp. 1480 - 1495.

[198] Mitchell, R. K., Agle, B. R., Wood, D. J. (1997). Toward a theory of stakeholder identification and salience: Defining the principle of who and what really counts[J]. *Academy of Management Review*, 22(4), 853 - 886.

[199] Mohr, L. A., Webb, D. J. (2005). The effects of corporate social responsibility and price on consumer responses[J]. *Journal of Consumer Affairs*, 39(1), 121 - 147.

[200] Moorman, C., Slotegraaf, R. J. (1999). The contingency value of complementary capabilities in product development [J]. *Journal of Marketing Research*, 239 - 257.

[201] Moran, P. (2005). Structural vs. relational embeddedness: Social capital and managerial performance[J]. *Strategic Management Journal*, 26(12), 1129 - 1151.

[202] Morgan, R. E., Strong, C. A. (2003). Business performance and dimensions of strategic orientation[J]. *Journal of Business Research*, 56 (3), 163 - 176.

[203] Mudrack, P. (2007). Individual personality factors that affect normative beliefs about the rightness of corporate social responsibility[J]. *Business*

& Society, 46(1), 33 - 62.

[204] Muller, A., Kolk, A. (2010). Extrinsic and intrinsic drivers of corporate social performance: Evidence from foreign and domestic firms in Mexico [J]. *Journal of Management Studies*, 47(1), 1 - 26.

[205] Murray, J. Y., Gao, G. Y., Kotabe, M. (2011). Market orientation and performance of export ventures: the process through marketing capabilities and competitive advantages[J]. *Journal of the Academy of Marketing Science*, 39(2), 252 - 269.

[206] Nahapiet, J., Ghoshal, S. (1998). Social capital, intellectual capital, and the organizational advantage[J]. *Academy of Management Review*, 23 (2), 242 - 266.

[207] Nelson, R. R. (1991). Why do firms differ, and how does it matter? [J]. *Strategic Management Journal*, 12(S2), 61 - 74.

[208] Neubaum, D. O., Zahra, S. A. (2006). Institutional ownership and corporate social performance: The moderating effects of investment horizon, activism, and coordination[J]. *Journal of Management*, 32(1), 108 - 131.

[209] Ngo, L. V., O'Cass, A. (2012). In search of innovation and customer—related performance superiority: the role of market orientation, marketing capability, and innovation capability interactions[J]. *Journal of Product Innovation Management*, 29(5), 861 - 877.

[210] O'Cass, A., Weerawardena, J. (2010). The effects of perceived industry competitive intensity and marketing-related capabilities: Drivers of superior brand performance[J]. *Industrial Marketing Management*, 39 (4), 571 - 581.

[211] Orlitzky, M., Schmidt, F. L., Rynes, S. L. (2003). Corporate social and financial performance: A meta-analysis[J]. *Organization Studies*, 24(3), 403 - 441.

[212] Papke—Shields, K. E., Malhotra, M. K., Grover, V. (2002). Strategic manufacturing planning systems and their linkage to planning system success[J]. *Decision Sciences*, 33(1), 1 - 30.

[213] Park, S. H., Luo, Y. (2001). Guanxi and organizational dynamics: Organizational networking in Chinese firms[J]. *Strategic Management Journal*, 22(5), 455 - 477.

[214] Peloza, J. (2009). The challenge of measuring financial impacts from investments in corporate social performance[J]. *Journal of Management*, 35(6), 1518 - 1541.

[215] Peng, M. W. (2003). Institutional transitions and strategic choices[J]. *Academy of Management Review*, 28(2), 275 - 296.

[216] Peng, M. W., Luo, Y. (2000). Managerial ties and firm performance in a transition economy: The nature of a micro - macro link[J]. *Academy of Management Journal*, 43(3), 486 - 501.

[217] Peteraf, M. A. (1993). The cornerstones of competitive advantage: A resource—based view [J]. *Strategic Management Journal*, 14 (3), 179 - 191.

[218] Pfeffer, J., Salancik, G. R. (2003). The external control of organizations: A resource dependence perspective [M]. *Stanford University Press*.

[219] Phelps, C. C. (2010). A longitudinal study of the influence of alliance network structure and composition on firm exploratory innovation[J]. *Academy of Management Journal*, 53(4), 890 - 913.

[220] Podsakoff, P. M., Organ, D. W. (1986). Self-reports in organizational research: Problems and prospects[J]. *Journal of Management*, 12(4), 531 - 544.

[221] Porter, M. E., Van der Linde, C. (1995). Toward a new conception of the environment-competitiveness relationship [J]. *The Journal of Economic Perspectives*, 9(4), 97 - 118.

[222] Porter, M., Kramer, M. R. (2006). Estrategia y sociedad[J]. *Harvard Business Review*, 84(12), 42 - 56.

[223] Prahalad, C. K., Hamel, G. (1994). Strategy as a field of study: Why search for a new paradigm? [J]. *Strategic Management Journal*, 15(S2), 5 - 16.

[224] Prahalad, C. K., Ramaswamy, V. (2000). Co-opting customer competence[J]. *Harvard Business Review*, 78(1), 79 - 90.

[225] Preston, L. E., O'bannon, D. P. (1997). The corporate social-financial performance relationship[J]. *Business and Society*, 36(4), 419.

[226] Putnam, R. D. (1993). The prosperous community[J]. *The American Prospect*, 4(13), 35 - 42.

[227] Ramus, C. A., Steger, U. (2000). The roles of supervisory support behaviors and environmental policy in employee "EcoEngagement" at leading - edge European companies[J]. *Academy of Management Journal*, 43(4), 605 - 626.

[228] Rao, R. S., Chandy, R. K., Prabhu, J. C. (2008). The fruits of legitimacy: why some new ventures gain more from innovation than others[J]. *Journal of Marketing*, 72(4), 58 - 75.

[229] Reuter, C., Foerstl, K. A. I., Hartmann, E. V. I., Blome, C. (2010). Sustainable global supplier management: the role of dynamic capabilities in achieving competitive advantage [J]. *Journal of Supply Chain Management*, 46(2), 45 - 63.

[230] Rindfleisch, A., Moorman, C. (2001). The acquisition and utilization of information in new product alliances: A strength - of - ties perspective [J]. *Journal of Marketing*, 65(2), 1 - 18.

[231] Rosenkopf, L., Nerkar, A. (2001). Beyond local search: boundary—spanning, exploration, and impact in the optical disk industry [J]. *Strategic Management Journal*, 22(4), 287 - 306.

[232] Rothaermel, F. T., Deeds, D. L. (2004). Exploration and exploitation alliances in biotechnology: A system of new product development[J]. *Strategic Management Journal*, 25(3), 201 - 221.

[233] Rothwell, R. (1992). Successful industrial innovation: critical factors for the 1990s[J]. *R&d Management*, 22(3), 221 - 240.

[234] Rowley, T. J. (1997). Moving beyond dyadic ties: A network theory of stakeholder influences [J]. *Academy of Management Review*, 22 (4), 887 - 910.

[235] Rowley, T., Behrens, D., Krackhardt, D. (2000). Redundant governance structures: An analysis of structural and relational embeddedness in the steel and semiconductor industries[J]. *Strategic Management Journal*, 21(3), 369–386.

[236] Salancik, G. R., Pfeffer, J. (1978). A social information processing approach to job attitudes and task design[J]. *Administrative Science Quarterly*, 224–253.

[237] Schepers, J., Schnell, R., Vroom, P. (1999). From idea to business— How Siemens bridges the innovation gap[J]. *Research – Technology Management*, 42(3), 26–31.

[238] Scherer, F. M. (1970). Industrial pricing: Theory and evidence[M]. *Rand McNally & Company*.

[239] Scott, J. (2011). Social network analysis: developments, advances, and prospects[J]. *Social Network Analysis and Mining*, 1(1), 21–26.

[240] Sen, S., Bhattacharya, C. B. (2001). Does doing good always lead to doing better? Consumer reactions to corporate social responsibility[J]. *Journal of Marketing Research*, 38(2), 225–243.

[241] Sen, S., Bhattacharya, C. B., Korschun, D. (2006). The role of corporate social responsibility in strengthening multiple stakeholder relationships: A field experiment[J]. *Journal of the Academy of Marketing Science*, 34(2), 158–166.

[242] Sharfman, M. (1994). Changing Institutional Rules The Evolution of Corporate Philanthropy, 1883 – 1953[J]. *Business & Society*, 33(3), 236–269.

[243] Sharma, S. (2000). Managerial interpretations and organizational context as predictors of corporate choice of environmental strategy[J]. *Academy of Management Journal*, 43(4), 681–697.

[244] Sharma, S., Vredenburg, H. (1998). Proactive corporate environmental strategy and the development of competitively valuable organizational capabilities[J]. *Strategic Management Journal*, 729–753.

[245] Sheng, S., Zhou, K.Z., and Li, J.J. (2011). "The effects of business and

political ties on firm performance: Evidence from China" [J]. Journal of Marketing, Vol. 75 No. 1, pp. 1 – 15.

[246] Shu, C., Page, A. L., Gao, S., Jiang, X. (2012). Managerial ties and firm innovation: is knowledge creation a missing link? [J]. *Journal of Product Innovation Management*, 29(1), 125 – 143.

[247] Siggelkow, N. (2007). Persuasion with case studies[J]. *The Academy of Management Journal*, 50(1), 20 – 24.

[248] Sirmon, D. G., Hitt, M. A., Ireland, R. D. (2007). Managing firm resources in dynamic environments to create value: Looking inside the black box[J]. *Academy of Management Review*, 32(1), 273 – 292.

[249] Sivadas, E., Dwyer, F. R. (2000). An examination of organizational factors influencing new product success in internal and alliance – based processes[J]. *Journal of Marketing*, 64(1), 31 – 49.

[250] Song, M., Droge, C., Hanvanich, S., Calantone, R. (2005). Marketing and technology resource complementarity: An analysis of their interaction effect in two environmental contexts [J]. *Strategic Management Journal*, 26(3), 259 – 276.

[251] Spender, J. C. (1996). Making knowledge the basis of a dynamic theory of the firm[J]. *Strategic Management Journal*, 17(S2), 45 – 62.

[252] Stanwick, P. A., Stanwick, S. D. (1998). The relationship between corporate social performance, and organizational size, financial performance, and environmental performance: An empirical examination[J]. *Journal of Business Ethics*, 17(2), 195 – 204.

[253] Stiglitz, J. E. (1985). Credit markets and the control of capital[J]. *Journal of Money*, 17(2), 133 – 152.

[254] Subramaniam, M., Youndt, M. A. (2005). The influence of intellectual capital on the types of innovative capabilities [J]. *Academy of Management Journal*, 48(3), 450 – 463.

[255] Tang, Z., Hull, C. (2012). An investigation of entrepreneurial orientation, perceived environmental hostility, and strategy application among Chinese SMEs[J]. *Journal of Small Business Management*, 50(1),

132 - 158.

[256] Teece, D. J., Pisano, G., Shuen, A. (1997). Dynamic capabilities and strategic management [J]. *Strategic Management Journal*, 18 (7), 509 - 533.

[257] Tenbrunsel, A. E., Wade-Benzoni, K. A., Messick, D. M., Bazerman, M. H. (2000). Understanding the influence of environmental standards on judgments and choices[J]. *Academy of Management Journal*, 43(5), 854 - 866.

[258] Theodosiou, M., Kehagias, J., Katsikea, E. (2012). Strategic orientations, marketing capabilities and firm performance: an empirical investigation in the context of frontline managers in service organizations [J]. *Industrial Marketing Management*, 41(7), 1058 - 1070.

[259] Tiwana, A. (2008). Do bridging ties complement strong ties? An empirical examination of alliance ambidexterity[J]. *Strategic Management Journal*, 29(3), 251 - 272.

[260] Tsai, W., Su, K. H., Chen, M. J. (2011). Seeing through the eyes of a rival: Competitor acumen based on rival-centric perceptions[J]. *Academy of Management Journal*, 54(4), 761 - 778.

[261] Uzzi, B. (1996). The sources and consequences of embeddedness for the economic performance of organizations: The network effect [J]. *American Sociological Review*, 674 - 698.

[262] Van der Panne, G., Van Beers, C., Kleinknecht, A. (2003). Success and failure of innovation: a literature review[J]. *International Journal of Innovation Management*, 7(03), 309 - 338.

[263] Verschoor, C. C. (1998). A study of the link between a corporation's financial performance and its commitment to ethics [J]. *Journal of Business Ethics*, 17(13), 1509 - 1516.

[264] Victor, B., Cullen, J. B. (1988). The organizational bases of ethical work climates[J]. *Administrative Science Quarterly*, 101 - 125.

[265] Voss, G. B., Voss, Z. G. (2000). Strategic orientation and firm performance in an artistic environment[J]. *Journal of Marketing*, 64(1),

67－83.

[266] Voudouris, I., Lioukas, S., Iatrelli, M., Caloghirou, Y. (2012). Effectiveness of technology investment: Impact of internal technological capability, networking and investment's strategic importance [J]. *Technovation*, 32(6), 400－414.

[267] Waddock, S. A., Graves, S. B. (1997). The corporate social performance-financial performance link [J]. *Strategic Management Journal*, 303－319.

[268] Wagner, T., Lutz, R. J., Weitz, B. A. (2009). Corporate hypocrisy: Overcoming the threat of inconsistent corporate social responsibility perceptions[J]. *Journal of Marketing*, 73(6), 77－91.

[269] Waldman, D. A., Siegel, D. S., Javidan, M. (2006). Components of CEO transformational leadership and corporate social responsibility[J]. *Journal of Management Studies*, 43(8), 1703－1725.

[270] Wang, H., Qian, C. (2011). Corporate philanthropy and corporate financial performance: The roles of stakeholder response and political access[J]. *Academy of Management Journal*, 54(6), 1159－1181.

[271] Wei. Z., Shen, H., Zhou, K.Z., and Li, J.J. (2015). "How does environmental corporate social responsibility matter in a dysfunctional institutional environment? Evidence from China" [J]. *Journal of Business Ethics*, pp. 1－15, DOI 10.1007/s10551－015－2704－3

[272] Wellman, B., Berkowitz, S. D. (1988). Introduction: Studying Social Structures [A]. Social structures: A network approach, *Cambridge*: *Cambridge University Press*.

[273] Wernerfelt, B. (1984). A resource—based view of the firm[J]. *Strategic Management Journal*, 5(2), 171－180.

[274] Williamson, O. E. (1964). The Economics of Discretionary Behavior: Managerial Objectives in A Theory of The Firm[M]. London: *Prentice － Hall*.

[275] Wheeler, D., Sillanpa, M. (1998). Including the stakeholders: the business case[J]. *Long Range Planning*, 31(2), 201－210.

[276] Wood D J. (1991). Corporate social performance revisited [J]. *Academy of Management Review*, 16(4): 691 - 718.

[277] Wright, P., Ferris, S. P. (1997). Agency conflict and corporate strategy: The effect of divestment on corporate value[J]. *Strategic Management Journal*, 77 - 83.

[278] Yin, R. K. (2004). The Case Study Anthology[M]. Los Angeles: Sage.

[279] Zaheer, A., Bell, G. G. (2005). Benefiting from network position: firm capabilities, structural holes, and performance[J]. *Strategic Management Journal*, 26(9), 809 - 825.

[280] Zahra, S. A., George, G. (2002). Absorptive capacity: A review, reconceptualization, and extension[J]. *Academy of Management Review*, 27(2), 185 - 203.

[281] Zhou, K. Z., Li, C. B. (2012). How knowledge affects radical innovation: Knowledge base, market knowledge acquisition, and internal knowledge sharing [J]. *Strategic Management Journal*, 33 (9), 1090 - 1102.

[282] Zhou, K. Z., Li, J. J., Sheng, S., Shao, A. T. (2014). The evolving role of managerial ties and firm capabilities in an emerging economy: evidence from China[J]. *Journal of the Academy of Marketing Science*, 42 (6), 581 - 595.

[283] Zhou, K. Z., Wu, F. (2010). Technological capability, strategic flexibility, and product innovation[J]. *Strategic Management Journal*, 31 (5), 547 - 561.